UNION DES SYNDICATS PATRONAUX

DES

Industries Textiles de France

Statuts

Liste des Adhérents

(SIÈGE SOCIAL 49, RUE DU LOUVRE, PARIS)

UNION DES SYNDICATS PATRONAUX

DES

Industries textiles de France

Statuts

et

Liste des Adhérents

Mai 1922

UNION DES SYNDICATS PATRONAUX

DES

Industries Textiles de France

Statuts

et

Liste des Adhérents

SIÈGE SOCIAL, 15, RUE DU LOUVRE, PARIS

TÉLÉPHONE . Central 49-95

BAR-LE-DUC

IMPRIMERIE CONTANT-LAGUERRE

36, Rue Rousseau, 36

1922 .

LISTE DES SYNDICATS ADHÉRENTS

UNION TEXTILE.

Statuts de l'Union

ARTICLE PREMIER.

Entre les Syndicats textiles adhérant aux présents Statuts, et conformément à l'article 5 de la loi du 21 mars 1884, il est formé sous le nom d' « *Union des Syndicats patronaux des Industries textiles de France* », un groupe ayant pour but :

1° De défendre les intérêts moraux et professionnels des industries textiles et de leurs collaborateurs, ingénieurs, directeurs, employés et ouvriers, à l'exclusion des questions se rapportant au libre-échange ou à la protection;

2° De concentrer les efforts des Syndicats adhérents et de les représenter dans toutes les circonstances où une action commune sera jugée nécessaire.

ART. 2.

A la tête de l'*Union* est placé un Comité permanent composé d'une délégation de chaque Syndicat.

Le nombre des délégués de chaque Syndicat est fixé de la manière suivante :

Jusqu'à 20 adhérents...	1 délégué.
De 21 à 40......	2 délégués.
De 41 à 80......	3 délégués.
De 81 à 120......	4 délégués.
Au-dessus de 120......	5 délégués.

En dehors de ces délégués élus par leur Syndicat respectif, le Président de chaque Syndicat fait partie de droit du Comité.

A titre exceptionnel, ces bases pourront être modifiées par le Comité, à raison de l'organisation de certains Syndicats.

ART. 3 (*modifié le 22 juillet 1920*).

Le Comité élit parmi ses membres un Bureau composé de :

Un Président;
Dix-huit vice-Présidents régionaux;
Un vice-Président trésorier;
Un Secrétaire général;
Un Secrétaire général adjoint.

ART. 4 (*modifié le 21 février 1903*).

L'élection du Bureau est faite chaque année au scrutin secret et à la majorité absolue des suffrages des membres présents.

Au cas où un second tour de scrutin serait nécessaire, l'élection aura lieu à la majorité relative.

Si deux membres obtiennent le même nombre de voix, le plus âgé est élu.

Les membres sortants sont rééligibles.

ART. 5 (*modifié le 22 avril 1906*).

Le Président dirige les débats du Comité de direction, des réunions générales et des assemblées générales; il reçoit toutes les demandes d'adhésion, toutes les communications et les porte à la connaissance du Comité à sa première réunion.

Les vice-Présidents assistent le Président et le remplacent en cas d'empêchement.

Les secrétaires surveillent la rédaction et la publication des procès-verbaux des séances, qui sont consignés sur un registre spécial visé et paraphé par le Président ou un vice-Président; ils assurent la direction des services.

Le Trésorier encaisse les cotisations des Syndicats adhérents, reçoit les subventions et dons offerts à l'*Union ;* il est dépositaire de la caisse.

Chaque année il présente à l'assemblée générale la situation financière de l'*Union.*

Art. 6.

Les ressources financières de l'Union consistent en des cotisations de chaque Syndicat qui seront fixées par le Comité.

Art. 7.

Le siège du Groupe est à Paris.

Art. 8.

Le Comité se réunit une fois par mois, à l'exception des mois de juillet, août et septembre.

Le Comité fixe lui-même la date de ses séances.

Il peut toujours être convoqué extraordinairement, lorsque le Bureau le juge nécessaire.

Art. 9.

Les fonctions du Comité consistent :

1° A centraliser les renseignements sur toutes les questions d'intérêt général, à provoquer les avis des syndicats, à en dégager les solutions et à les recommander à tous les syndicats adhérents ;

2° A saisir les syndicats de toutes questions nouvelles pouvant intéresser l'industrie textile et le patronat en général ;

3° A organiser toute action commune, notamment par voie de pétitionnement, de réunions, et par l'envoi de délégations aux pouvoirs publics ou aux commissions parlementaires.

Art. 10.

Le Bureau est réuni par le Président huit jours avant chaque séance, à l'effet d'établir l'ordre du jour.

Il est tenu d'y faire figurer les questions qui lui sont soumises par les Syndicats adhérents.

Art. 11.

Les décisions du Comité sont valablement prises à la majorité des membres présents.

En cas de partage, la voix du Président est prépondérante.

Le vote au scrutin secret est de droit, lorsqu'il est réclamé par le quart des membres présents.

Art. 12 (*modifié le 18 janvier 1912*).

L'Assemblée générale, à laquelle sont convoqués tous les adhérents des Syndicats faisant partie de l'Union, a lieu chaque année dans le premier trimestre, à l'effet d'entendre le compte rendu financier de l'année et d'approuver le budget qui lui est présenté par le Trésorier. Dans cette séance, le Bureau présente un compte rendu des travaux de l'année.

Un congrès de législation industrielle pourra avoir lieu à la même date. Des personnalités étrangères à l'Union, mais se rattachant à l'industrie textile, soit par la région à laquelle ils appartiennent, soit par leur profession, pourront y être invitées.

Art. 13.

Les élections du Président et du Bureau ont lieu dans la séance du Comité qui suit l'Assemblée générale.

Art. 14 (*modifié le 2 avril 1902*).

En cas d'urgence, le Comité peut convoquer les membres des Syndicats adhérents en Réunion générale extraordinaire.

Art. 15.

Tout Syndicat patronal des Industries textiles qui désire faire partie de l'*Union* doit :

1° Adhérer aux présents statuts;

2° Adresser sa demande au Président de l'*Union,* qui devra la soumettre à la première réunion du Comité.

Art. 16.

Les présents statuts peuvent être modifiés par le Comité spécialement convoqué à cet effet.

Pour être valables, les modifications devront réunir les suffrages des 2/3 des Syndicats représentés à la réunion.

COMPOSITION DU BUREAU

Président :

M. R.-S. CARMICHAEL, Président du *Syndicat de l'Industrie du jute*, 15, rue du Louvre, Paris.

Secrétaire général :

M. A. BOUTET, *Syndicat général français du moulinage de la soie*, 4, rue d'Uzès, Paris.

Secrétaire général adjoint :

M. H. DONON, *Chambre syndicale de la fabrique de Tarare*, 27, rue du Sentier, Paris.

Vice-Président Trésorier :

M. F. ROY, *Syndicat normand du tissage de coton*, 38, rue des Jeûneurs, Paris.

Vice-Présidents :

1° Pour la région de Rouen : M. G. BADIN, *Syndicat normand de la filature de coton*, Barentin (Seine-Inférieure).

2° Pour la région de Lille : M. A. DUHEM, *Chambre syndicale des fabricants de toiles*, Lomme (Nord).

3° Pour la région de Troyes : M. L. BONDON, *Chambre syndicale des fabricants de bonneterie de Troyes*, 2, rue Bégand, Troyes (Aube).

4° Pour la région de Lyon : M. E. PELLETIER, *Syndicat des fabricants de soieries*, 7, rue de la République, Lyon.

5° Pour la région d'Epinal : M. JUILLARD-HARTMANN, Président du *Syndicat cotonnier de l'Est*, rue de la Louvière, Epinal (Vosges).

6° Pour la région de Roanne : M. P. GUERRY, du *Syndicat de l'industrie textile de Roanne*, rue Brison, Roanne (Loire).

7° Pour la région de Roubaix : M. E. MATHON, Président du *Syndicat des fabricants de Roubaix-Tourcoing*, 114, boulevard d'Armentières, Roubaix (Nord).

8° Pour la région de Paris : M. M. FRINGS, *Syndicat parisien des industries textiles*, 131, rue Saint-Denis, Paris.

9° Pour la région de Fourmies : M. A. SEYDOUX, *Union des fabricants et façonniers tisseurs des régions de Fourmies, du Cambrésis, de Saint-Quentin et de Reims*, Le Cateau (Nord).

10° Pour la région d'Elbeuf : M. ALLOEND-BESSAND, *Syndicat de l'industrie textile de la région d'Elbeuf*, 1, rue des Champs, Elbeuf (Seine-Inférieure).

11° Pour la région d'Angers : M. J. BESSONNEAU, *Syndicat général de la corderie et ficellerie mécanique*, Angers (Maine-et-Loire).

12° Pour la région de Reims : M. P. LELARGE, *Syndicat rémois de l'industrie textile*, 16, boulevard Lundy, Reims.

13° Pour la région d'Alsace-Lorraine ; M. Daniel MIEG, *Syndicat industriel alsacien*, 2, rue du Havre, Mulhouse.

14° Pour la région de Vienne : M. SILVESTRE, *Syndicat patronal de l'industrie textile*, 3, rue de la Chaîne, Vienne (Isère).

15° Pour la région du Sud-Est : M. G. CROUX, *Syndicat de l'industrie textile de Mazamet*, avenue Paul Rouvière, Mazamet (Tarn).

16° Pour les Industries de la Teinture et de l'Apprêt : M. G. DRIN, 16, rue de l'Industrie, Courbevoie (Seine).

Vice-Présidents honoraires :

MM. J. CARTIER-BRESSON, POIRET, *Syndicat parisien des industries textiles;* DELOSTAL, *Chambre syndicale des fabricants de bonneterie de Troyes;* E. SEYDOUX, *Union des fabricants et façonniers de Fourmies, du Cambrésis, de Saint-Quentin et de Reims;* A. ISAAC, E. MOTTE, Roubaix, *Syndicat des fabricants de soieries de Lyon ;* S. FAISANT, *Syndicat de l'industrie textile de Roanne.*

Secrétaire général honoraire :

M. TOURON, Sénateur, 81, Avenue de Villier (Paris).

Liste des Syndicats adhérents à l'Union

1. — Syndicat Normand du Tissage de Coton.

47, Boulevard des Belges, Rouen.

Téléph. 21.21.

Bureau :

MM. M. Lemarchand, Président.
Jules Malathiré, vice-président.
Maurice Chané, secrétaire.
André Ozanne, trésorier.
Raymond Defougy.
Lucien Deglatigny.
Jean Gailliard.
Edmond Lemaistre.
J. Outhenin-Chalandre.

Délégués à l'Union :

MM. M. Lemarchand, Président, 83, boulevard des Belges, Rouen ; A. Waddington, 173 *bis*, rue des Charrettes, Rouen ; F. Roy, 38, rue des Jeûneurs, Paris ; J. Gailliard, 75, rue Réaumur, Paris.
Paul Duval, secrétaire général.
Léon Honoré, contrôleur.

Membres du Syndicat :

MM.
Aubin frères, 3, place Cauchoise, Rouen. — Tél. 304.
Baillard (Félix), 52, rue de Buffon, Rouen. — Tél. 22.01.
Boulanger (G.), Perriers-sur-Andelle (Eure). — Tél. 1.
Braun (Georges), Pavilly (S.-I.). — Tél. 1, Sainte-Austreberthe.
Butler Holliday and C° Le Houlme. — T. 5, Malaunay.
Campard (Eugène) et Cie, 12, rue de Crosne, Rouen. — Tél. 21.05.

Corbon (L.), 62, rue Saint-Julien. — Tél. 20.51.
Charvet (A. et P.), 64, rue Pierre-Lefebvre, Darnétal (S.-I.). — Tél. 11.90.
Defougy (Raymond), 17, rue du Renard, Rouen. — Tél. 4.09.
Deglatigny et Carliez, 32, rue du Lieu-de-Santé, Rouen. — Tél. 1.82.
Desbuissons (L.), 29, rue de Sotteville, Rouen. — Tél. 21.79.
Desgenétais frères, Bolbec (S.-I.).
Etablissements de Fleury-sur-Andelle, 67, place Saint-Paul, Rouen. — Tél. 8.51.
Etablissements Grafton, Malaunay (S.-I.). — Tél. 2.
Fahr et fils (A.), rue de la Mare-du-Parc, Rouen. — Tél. 20.69.
Gaillard et Cie, Barentin (S.-I.). — Tél. 10.
Harel (Robert), Perriers-sur-Andelle (Eure). — Tél. 2.
Knowles et Cie (W.), Malaunay (S.-I.). — Tél. 13.
Lailler (A.) et Cie, 68, rue de Sotteville, Rouen. — Tél. 20.70.
Lang-Risser (Fernand), 18, rue du Lieu-de-Santé, Rouen. — Tél. 5.73.
Lemarchand jeune, 83, boulevard des Belges, Rouen. — Tél. 6.01.
Lemaistre frères, Lillebonne (S.-I.). — Tél. 11.
Lepicard (Georges), Monville (S.-I.). — Tél. 12.
Leroux-Eude, 58, rue de Buffon, Rouen. — Tél. 6.85.
Llégaut (R.), Perriers-sur-Andelle (Eure). — Tél. 7.
Mauchon frères, 31, boulevard des Belges, Rouen. — Tél. 0.82.
Manufacture Cotonnière d'Oissel, Oissel (S.-I.). — Tél. 7.
Morel et Cie (Pierre), Fleury-sur-Andelle (Eure). — Tél. 4.
Outhenin-Chalandre et Cie, Charleval (Eure). — Tél. 6.

Ozanne et Cie, Gruchet-le-Valasse (S.-I).
— Tél. 2.
Quesnel (V.), et fils, 23, rue du Renard,
Rouen. — Tél. 6.21.
Roy (M. et P.) et Cie, 63, rue du Val
d'E.uplet, Rouen. — Tél. 4.88.
Roy frères et Cie, 35, rue Duguay Trouin,
Rouen. — Tél. 0.79.
Simon (Jules), 17, rue aux Juifs, Darné-
tal (S.-I.).
Société anonyme des anciens Etablisse-
ments Bertel, 255, rue Victor Hugo,
Sotteville-lès-Rouen (S.-I.). — Tél.
2.56.
Société anonyme des Etablissements
Malathiré, 20, rue Saint Gervais,
Rouen. — Tél. 6.37.
Société anonyme du Tissage de Monville,
Monville (S.-I.). — Tél. 9.
Société anonyme des anciens Etablisse-
ments Petit, les Baquets, par Pont-
Audemer (Eure). — Tél. 22.
Société Cotonnière de Saint Etienne-du-
Rouvray, 88, rue Cauchoise, Rouen.
— Tél. 610.
Société des anciens Etablissements
Westphalen Lemaitre. Lillebonne
(S.-I.). — Tél. 4.
Société des Filatures et Tissages de Gra-
ville, rue Demidoff, Le Hàvre. — Tél.
4.57.
Société des Filatures et Tissages Henri
Offroy, Malaunay (S.-I.). — Tél. 3.
Société des Filatures et Tissages Pouyer
Quertier, La Foudre, le Petit-Quevilly.
— Tél. 20.39.
Waddington fils et Cie, 173 bis, rue des
Charrettes, Rouen. — Tél. 0.48.
Weil (L.), Schuhl, Hirsch et Cie, 81, rue
des Bons Enfants, Rouen. — Tél.
6.09.

---

2. — Syndicat Normand de la Fila-
ture de Coton.

47, boulevard des Belges, Rouen.

TÉLÉPH. 21.21.

Bureau :

MM. Eugène LAVOISIER, président.
Louis Le PICARD, vice-président.
Robert De MENIBUS, secrétaire.
Alexandre MABIRE, trésorier.
Georges BADIN.
Jean GAILLIARD.

Jacques LEMARCHAND.
Robert OFFROY.
André ROY.

Délégués à l'Union.

MM. E. LAVOISIER, président, Saint-
Léger du Bourg-Denis (S.-I.); G. BADIN,
Barentin (S.-I.); G. LEVERDIER, 60, quai
Gaston-Boulet, Rouen ; A. MABIRE, 20, rue
Méridienne, Rouen.
Paul DUVAL, secrétaire général.
Léon HONORÉ, contrôleur.

Membres adhérents.
MM.
Anscaume (Joseph), Bapeaume-lès-Rouen
(S.-I.). — Tél. 0.56.
Badin (Georges), Filature Sainte-Hélène,
Pavilly (S.-I.). — Tél. 11.
Baillard (A.), M. Duboc et Cie, 7, rue du
Pré de la Bataille, Rouen. — Tél.
0.18.
Barruel (Veuve Eugène), 44, rue de
l'Abbaye, Maromme (S.-I.).
Bazin (Veuve Philippe), Condé-sur-Noi-
reau, Calvados. — Tél. 12.
Bergeret (Clovis), Oissel (S.-I.). — Tél.
23.
Cléris (D. et Cie), Torcy-le-Petit, par
Torcy-le-Grand (S.-I.). — Tél. 4.
Cochin, Boisard et Létartre, Evreux
(Eure). — Tél. 8.
Damilaville (R.), et M. Roquigny, Baren-
tin (S.-I.). — Tél. 22.
Dantan (Emile), Monville (S.-I.). — Tél.
5.
Dantan (Veuve Gustave), Oissel (S.-I.).
— Tél. 10.
Delaporte (Charles), Maromme (S.-I.). —
Tél. 129.
Delaporte (Charles et fils), Maromme
(S. I.).
Desgenétais frères, Bolbec (S.-I.). — Tél. 6.
Desurmont et Cie, 136, faubourg Saint-
Honoré, Paris.
Duret frères, 48, rue de Buffon, Rouen.
Etablissements Badin, Barentin (S.-I.).
— Tél. 13.
Etablissements de Fleury-sur-Andelle,
67, Place Saint-Paul, Rouen. — Tél.
851.
Etablissements Gresland, Notre-Dame de
Bondeville (S.-I.). — Tél. 309.
Etablissements Manchon Lemaitre et
Cie, 66, rue de Crosne, Rouen. — Tél.
207.

Ferry (Antoine), Oissel (S.-I.). — Tél.
1.
Filatures de Laval, Laval (Mayenne). —
Tél. 28.
Filatures James Le Vavasseur, 37, bou-
levard des Belges, Rouen. — Tél.
564.
Filature de la Martinique, Condé-sur-
Noireau, Calvados. — Tél. 15.
Filature du Nord, 44, rue Taitbout,
Paris.
Filature de Saint-Paul, 67, place Saint-
Paul, Rouen. — Tél. 851.
Fremeaux et Vandenbosch, Saint-Pierre
Varengeville (S.-I.). — Tél. 5.
Fromage (Georges et Cie), route de Dar-
nétal-les-Rouen (S.-I.). — Tél. 543.
Gailliard et Cie, Barentin (S.-I.). — Tél.
10.
Grauss (Fernand), Monville (S.-I.). —
Tél. 13.
Guenot et Dewavrin, Longueville (S.-I.).
Harel (Robert), Perriers-sur-Andelle
(Eure). — Tél. 2.
Huet (André), P. et P. Claeyssens, 25,
rue de Sotteville, Rouen. — Tél. 20.81.
Lafosse, De Ménibus et Cie, Déville-lès-
Rouen (S.-I.). — Tél. 456.
Lailler (A. et Cie), 68, rue de Sotteville,
Rouen. — Tél. 20.70.
Lavoisier (Eugène), Saint-Léger-du-
Bourg-Dénis, par Darnétal (S.-I.). —
Tél. 669.
Lemarchand jeune, 83, boulevard des
Belges, Rouen. — Tél. 601.
Lemarchand frères, Le Houlme (S.-I.).
— Tél. 9.
Leurent (Paul et Henri), Saint-Pierre-de-
Varengeville (S.-I.). - Tél. 12.
Le Vavasseur (A. et J.), 37, boulevard
des Belges, Rouen. — Tél. 564.
Mabire (A.), 20, rue Méridienne, Rouen.
— Tél. 20.73.
Manufacture cotonnière d'Oissel, Oissel
(S.-I.). — Tél. 7.
Masurel (Albert et Cie), Bapeaume-lès-
Rouen (S.-I.). — Tél. 331.
Montfray frères, Déville-lès-Rouen (S.-I.).
— Tél. 162.
Pierre Morel et Cie, Fleury-sur-Andelle
(Eure).
Motte (L. et Frères), 83, rue de la Motte,
Petit Quevilly (S.-I.). Tél. 20.30.
Outhenin Chalandre (J.) et Cie, Charle-
val (Eure). — Tél. 6.
Plautrou (Eugène), Oissel (S.-I.). — Tél.
2.

Plautrou (Léon), Oissel (S.-I.). — Tél. 4.
Prévost, Grenier frères et Cie, Sotteville-
lès-Rouen (S.-I.). — Tél. 20.38.
Prévost, Grenier frères et Cie, Villers
Ecalles, par Barentin (S.-I.). — Tél.
6.
Saint frères, 70, rue de la Vicomté,
Rouen. — Tél. 606.
Société anonyme des Filatures C. Berger,
82, rue d'Elbeuf, Rouen. — Tél.
20.72.
Société anonyme des Filatures de Pa-
villy, Pavilly (S.-I.). — Tél. 9.
Société anonyme des Etablissements de
Perruel-sur-Andelle, Perriers-sur-An-
delle. — Tél. 4.
Société de la Filature d'Oissel, Oissel
(S.-I.). — Tél. 17.
Société Cotonnière de Saint-Etienne-du-
Rouvray, 88, rue Cauchoise, Rouen.
— Tél. 601.
Société des Filatures et Tissages, Henri
Offroy, Malaunay (S.-I.). — Tél. 3.
Société des Filatures et Tissages, Pouyer
Quertier, La Foudre, Le Petit Quevilly
(S.-I.). — Tél. 20.39.
Société générale des Filatures et Tis-
sages de Flers, Flers (Orne). — Tél. 17.
H. Tetlow, La Garenne, Bolbec.
Waddington fils et Cie, 173 bis., rue des
Charrettes, Rouen. — Tél. 0.48.
Raymond Leroy, rue Louis Poterat,
Rouen. — Tél. 9.

------

3. — Syndicat de l'industrie textile de Roanne.

4, rue Marengo, Roanne (Loire).

Conseil d'administration du Syndicat.

Section tissage.

MM. Maurice DECHELETTE, président.
Louis BLONDEAU secrétaire.

Membres :

MM.
Guerry (Paul).
Brechard (Henri).
Bertaud (Maurice).
Deschamps (Paul).

Section teintures et apprêts.

MM. Paul GERBAY, président.
BONNET, secrétaire.

Membre :

M. Bolard.

Bureau :

MM. Maurice DECHELETTE, président.
Paul GERBAY, vice-président.
Maurice BERTAUD, vice-président.
Louis BLONDEAU, trésorier.
BONNET, secrétaire.

Délégués :

MM. M. DECHELETTE, président ; M. BERTAUD ; L. BLONDEAU ; P. GUERRY fils ; H. BRECHARD ; P. DESCHAMPS.

Noms des adhérents :

Section tissage.
MM.
Aubert et Blondeau. — Tél. 0.07.
Bariquand et fils. — Tél. 0.68.
Bertaud frères. — Tél. 0.37.
Tissage Brechard. — Tél. 0.12.
Tissages Destre-Cherpin. — Tél. 0.14.
Tissages Dumarest. — Tél. 0.16.
Dechelette (Louis). — Tél. 1.28.
La Cotonnière de Saint-Quentin. — Tél. 0.15.
Deschamps (Paul). — Tél. 0.39.
Goujon frères. — Tél. 1.22.
Gouttenoire-Deveaux. — Tél. 0.71.
Grosse (Émile). — Tél. 0.01.
Guerry-Duperay et fils. — Tél. 0.13.
Monteret et Develey. — Tél. 5.51.
Tissages Dechelette-Despierre. — Tél. 0.55.
Michalon-Siedel et Kaltombach. — Tél. 1.25.
Chamussy, Grenot et Fouilland. — Tél. 2.48.
Tissages de Saint-Igny de Vers. — Tél. 6.25.
Muguet (Charlieu). — Tél. 0.50.

Section teintures.
Société anonyme Teintures, impressions et apprêts de Thizy, Le Coteau. — Tél. 0.26.
Deroche. — Tél. 2.11.
Dufour. — Tél. 2.91.
Raffin. — Tél. 3.56.
Charpenay (F.). — Tél. 0.45.
Etablissements Bernard. — Tél. 3.61.
Compagnie roannaise d'apprêts. — Tél. 0.09.

Teintureries roannaises réunies. — Tél. 0.11.
Tissages Brechard. — Tél. 0.12.

4. — Chambre Syndicale des Fabricants de Bonneterie et des Industries s'y rattachant.
10, place Audiffred, Troyes.
TÉLÉPH. 9.67.

Bureau :

MM. F. LAMOTTE, Président.
André GILLIER, vice-président.
M. H. BOUDIOS (pour Romilly), vice-président.
A. DELOSTAL, secrétaire.
H. GILBERT, trésorier.
GRANGERON, vice-secrétaire.

Délégués :

MM. LAMOTTE, président, 323, faubourg Croncels, Troyes ; André GILLIER, vice-président, 48, boulevard Victor-Hugo, Troyes ; BONBON, membre du conseil de direction, 2, rue Begand, Troyes ; M. PORTAL, établissements Mauchauffée, Troyes ; Pierre RAGUET, 29, boulevard du 14 Juillet, Troyes ; DUPRÉ, Romilly-sur-Seine (Aube).

Membres :
MM.
Bellot, frères, 14, rue des Bas-Trévois, Troyes. — Tél. 6.18.
Etablissements Belleuvre, 21, place de la Bonneterie, Troyes. — Tél. 2.82.
Boisson et Carret frères, 8 et 10, rue Charles Dutreix, Troyes. — Tél. 2.24. — *M. Bouvret, 15, rue Bertin-Poirée, représentant à Paris.*
Bonbon (Louis), rue Bégand, 2, Troyes. — Tél. 3.39.
Brelet (Paul) et Cie, 143, faubourg Croncels, Troyes. — Tél. 2.27. — *A. Algan et R. Sarrade, 10, rue Boucher ; J. Seguy, 26, rue de Paradis (Exportation), représentants à Paris.*
Cornuel (E.), 32, rive droite du canal, Troyes. — Tél. 1.38. — *Maison de vente : 89, rue Réaumur, Paris.*
Delostal frères, 32, rue Courtalon, Troyes. — Tél. 3.02.
Etablissements Desgrez, rue Charles Desgeorrois. — Tél. 2.10. — *H. Bou-*

veret, *13, rue Berlin Poirée; A. Cardinet, 22, rue d'Hauteville (Exportation), représentants à Paris.*

Desnoyers (Eugène), 24, rue Courtalon, Troyes, usine rue des Bergers. — Tél. 3.70. — *Maison de vente : 41, rue d'Enghien, Paris.*

Devanlay et Recoing, 28 et 30, rue Jeanne d'Arc, Troyes. — Tél. 2.91. — *Doniau, 124, rue de Rivoli; Lécorché, Maurice, 95, rue Lafayette (Exportation. représentants à Paris.*

Gillier (André), 48, boulevard Victor-Hugo, Troyes. — Tél. 2.65-8.65-11.65.

Herbin frères, 6, rue Voltaire, Troyes. — Tél. 3.48. 8.65. 11.65.

Etablissements Mauchauffée, 26, rue Bégand, Troyes. — Tél. 3.03. — *Maison à Paris, 65, rue de Rivoli, correspondant à New-York : 222, Fourth Avenue.*

Médinger, 46, rue de la Paix, Troyes. — Tél. 1.31. — *S, quai du Louvre, Paris.*

Moreau (Adolphe), 11, boulevard Danton, Troyes. — Tél. 1.54. — *F. Auber, 38, rue du Louvre; Lécorché, 95, rue Lafayette (Exportation), représentants à Paris.*

Etablissements Poron, 13, rue des Bas-Trévois, Troyes. — Tél. 2.18.

Prévost fils (maison Marot), rue Jeanne-d'Arc, Troyes. — Tél. 3.07. — *Maison de vente : 8, quai du Louvre, Paris.*

Prin-Relin fils et Cie, 1, rue Argence, Troyes. — Tél. 1.07.

Raguet (P.) fils et Vigues (R.), 20, boulevard du 14 Juillet, Troyes. — Tél. 2.31. — *Dépôt : 69, rue de Rivoli (Exportation) : A. Gagnéur et Cie; A. Lafargue, 17, rue d'Hauteville, représentants à Paris.*

Régley fils et Cie, 1, rue de la Tour Boileau, Troyes. — Tél. 2.92. — *Vente : 12, faubourg Poissonnière, Paris.*

Remy et Plénat, 50, rue Courtalon, Troyes. — Tél. 2.98. — *Bureau : 14, avenue Victoria (Exportation) : Cardinet, 22, rue d'Hauteville, représentant à Paris.*

Richard (Charles), rue de la Monnaie, Troyes (usine 33 et 35, rue de Labourat. — Tél. 4.08. — *Ch. Bardoux, 25, rue d'Hauteville (Exportation); Comptoir de vente, 5, rue du Louvre, représentant à Paris.*

Roizard fils, 22, rue Coulommière, Troyes. — Tél. 1.03.

Société générale de Bonneterie, 13, rue Largentier, Troyes. — Tél. 1.51.

Société nouvelle de Bonneterie, 23, rue Paul Dubois, Troyes. — Tél. 3.58.

La Bonneterie, Doué et Lamotte, 323, faubourg Croncels, Troyes. — Tél. 2.56. — *Lecorché, 95, rue Lafayette (Exportation), représentant à Paris.*

Les Fils de Valton et Cie, 15, rue des Marots, Troyes. — Tél. 1.01.

Vinot frères, 8, rue Jeanne-d'Arc, Troyes. — Tél. 5.25.

Vitoux gendre et fils, 42, rue de la Paix, Troyes. — Tél. 1.32. — *E. Chevallier, 63, rue de Rivoli; A. Lafargue, 17, rue d'Hauteville (Exportation), représentants à Paris.*

Tissage et Bonneterie, rue de la Mission, Troyes. — Tél. 9.02.

Journé (A.) et Lefèvre (P.), 12, rue Benois-Malon, Sainte-Savine. — Tél. 3.30.

Vve Manuel Petit et Siret, 14, rue Gambetta, Sainte-Savine. — Tél. 4.78.

Frottier (J.), Aix-en-Othe.

Gabut (L.), Aix-en-Othe. — Tél. 7.

Imbert (H.), Aix-en-Othe.

Petit et Cie, Aix-en-Othe. — Tél. 4.

Prévot (Léonce), Aix-en-Othe. — Tél. 16.

Sinelle (Léon), Aix-en-Othe. — Tél. 3.

Sinelle, Collot et Déghey, Aix-en-Othe. Tél. 5. — *Exportation : A. Cardinet, 22, rue d'Hauteville; nouveauté : E. Léger, 7, rue des deux Boules; maisons de gros : E. Devreux, 49, rue de Rivoli, représentants à Paris.*

Schentzlé et Jaillant, Aix-en-Othe. — Tél. 2.

Thuillier (A.), Aix-en-Othe. — Tél. 6.

Toulokowitz et fils (Olide) et fils, Aix-en-Othe. — Tél. 8.

Manufacture arcitienne de Bonneterie, 25, Arcis-sur-Aube.

Gérard-Fortier frères, Arcis-sur-Aube. — *Gérard-Fortier, 128, rue de Rivoli, représentant à Paris.*

Bellemère frères, Romilly-sur-Seine. — Tél. 19.

Berthier (Henri), Romilly-sur-Seine.

Les Fils de Emile Boudios, Romilly-sur-Seine. — Tél. 12.

La Française, Romilly-sur-Seine.

Vve Corpel-Juchat, Romilly-sur-Seine. — Tél. 34.

Dheurle (Charles), Romilly-sur-Seine.

Dubreuil frères, Romilly-sur-Seine. — Tél. 32.

Dupré (A.), Romilly-sur-Seine. — Tél. 22.

Lesage (Léon), Romilly-sur-Seine. — Tél. 28.

Guichard-Marin, Marigny-le-Châtel. — Tél. 1.

Deterre, Méry-sur-Seine. — Tél. 5.

Carré fils, Pâlis. — Tél. 3.

Doré et fils, Fontaine-les-Grés. — Tél. 2.

Morcel et fils, Plancy. — *Maison de vente, 59, rue de Rivoli, Paris.*

Lahaye (G.), fils, Rigny-le-Ferron.

MM. Cottret jeune et fils, à Origny-le-Sec.

Lemoine (Henri), Romilly-sur-Seine.

Guillot-Oudin, Romilly-sur-Seine.

Sautreau, Romilly-sur-Seine.

Tricotage mécanique, usine à Sainte-Savine, bureau à Pontarlier. — Tél. 0.85.

Angenot et Galipeau, 13 et 13 *bis*, rue Neuve des Nauvraies, Châtellerault.

Etablissements Savouré (J.), 120, rue de Rivoli, Paris.

Boulard Saint-Just (Marne)

Pluot fils, Bagneux (Marne).

Lauret frères, Ganges (Hérault).

Etablissements Verdier (Gaston), Meaux, (Seine-et-Marne). — *Maison de vente : 19, boulevard de Strasbourg, Paris.*

Etablissements Lévy (J. et S.) frères, Pont d'Essey, Nancy. — *Ehrmann, 15, rue Bertin-Poirée, représentant à Paris.*

TEINTURIERS.

Teinturerie Clément-Marot, rue aux Moines. — Tél. 1.02.

Société anonyme des Etablissements Falck, 5, rue des Bas Trévois, et 35, rue Charles Dutreix. — Tél. 2.05.

Etablissements Gambey, 31, rue Charles Dutreix, Troyes. — Tél. 2.06.

Marchal-Mathis, 18, rue des Bas-Trévois. — Tél. 9.42.

Société anonyme teinturerie de Saint-Julien, Saint-Julien près Troyes. — Tél. 2.04.

René (Ernest), fils, Romilly-sur-Seine. — Tél. 1.

CONSTRUCTEURS-MÉCANICIENS.

Dégageux, frères, 12, rue Michelet, Troyes. — Tél. 1.74.

Ligneau de Séréville (L.), rue d'Hauteville, 3, Paris.

Etablissements Poron, 13, rue des Bas-Trévois, Troyes. — Tél. 2.18.

Lebocey frères, 23, rue de Paris, Troyes — Tél. 3.01 et 1.12.

Etablissements Beau, 4, chaussée du Vouldy et quai La Fontaine, Troyes. — Tél. 1.83.

FILATEURS.

Jean Dupont, 12, rue Mitantier, Troyes. — Tél. 1.65.

Jourdain (J.) et Cie, 42, rue de Paradis, Paris. — Tél. 0.57.

Finet (Louis), 15, rue des Bas-Trévois, Troyes. — Tél. 2.08.

Société anonyme des Filatures de Schappe, 19, boulevard Danton, Troyes. — Tél. 1.53.

Société Troyenne de Filature, 27, rue aux Moines, Troyes. — Tél. 1.73.

TISSAGE.

Petit Rigoley, 10, rue de la Paix, Troyes. — Tél. 5.05.

5. — Syndicat Cotonnier de l'Est.

4, rue du Collège, Epinal.

TÉLÉPH. 131.

Bureau :

MM. JUILLARD-HARTMANN, président.
LAEDERICH, vice-président.
MANUEL, vice-président.
PINOT, vice-président.
JOUBIN, directeur.

Délégués :

MM. JUILLARD-HARTMANN, 17, rue de la Louvière, Epinal ; LAEDERICH, 25, rue Barbet-de-Jouy, Paris ; P. LEDERLIN, à Thaon, Vosges ; MANUEL, 49, rue Laffite, Paris ; MARTEAU, 154, boulevard Malesherbes, Paris ; PINOT, à Rupt-sur-Moselle, (Vosges) ; JOUBIN, directeur du Syndicat, 4, rue du Collège, Epinal.

Membres :

MM.

Antoine (A.), Fougerolles-le-Château. — Tél. 5.

Antoine (Les fils de Paul), Vécoux. — Tél. 1.

Ancel-Seltz et fils (P.), Granges. — Tél. 5.

André et Sick, Val d'Ajol. — Tél. 2.

Bezanson, (C. et G.), Breuches. — Tél. 10. Luxeuil.

Bluche (E.), Le Thillot. — Tél. 9.

Blanchisserie et teinturerie, Thaon-les-Vosges. — Tél. 6.79, Paris.

Belzung et Cie, 7, rue Meyerbeer, Epinal.

Bechmann et Cie, Blâmont et 45, rue Chaussée-d'Antin, Paris.

Braun, Saint-Maurice.

Chevalier (Ed.), Epinal. — Tél. 102.

Chevalier (Ed.), Eloyes. — Tél. 2.

Courant-Sahler et Cie, Montbéliard. — Tél. 70.

Conroy, Lepanges.

Demange, Létanches.

Dorget (Carlos), La Longine.

Etablissements David et Maigret, Epinal.

Etablissements Desgranges, Raddon.

Etablissements de Fresse.

Febvrel et Cie, Jarménil.

Fleurot, Baudin, Bletry, Val d'Ajol.

Dorget (Jules), Epinal.

Dreyer père et fils, Le Thillot.

Duchêne frères, Fresse.

Filature et Tissage de Maxonchamp.

Filature et tissage de Saint-Maurice et des Lesses. — Tél. 3.

Filature des Mousses, Val d'Ajol. — Tél. 15.

Filature de Béchamp, Remiremont. — Tél. 39.

Filature de Demangevelle, Demangevelle. — Tél. 7.

Filature et tissage des Enclos, Saint-Dié. — Tél. 209.

Filature de la Moselle, Remiremont. — Tél. 173.

Filature de coton de Rambervillers. — Tél. 47.

Flageollet (A.), Bussang. — Tél. 12.

Forel, Breuchotte. — Tél. 2, Raddon.

Filature de la Madelaine, Remiremont. — Tél. 13.

Filature de Cheniménil, par Docelles. — Tél. 5.

Gautier (Léon), et Cie, Epinal. — Tél. 107.

Germain, Willig, et Cie, Thaon-les-Vosges. — Tél. 2.

Germain frères, Ventron. — Tél. 3.

Garnier Thiébaut et Cie, Gérardmer. — Tél. 33.

Gros (Jacques), 12, rue Bachaumont, Paris.

Gros, Roman et Cie, Wesserling. Le Thillot. — Tél. 34, 6, rue d'Uzès, Paris.

Georges (Maurice) et Cie, Va d'Ajol. — Tél. 18.

Georges (Michel) et Cie, Saint-Maurice. — Tél. 10 et 5.

Georges (Eugène), Le Thillot. — Tél. 31.

Georges (A.), Val d'Ajol. — Tél. 5.

Gérard (Paul), Rochesson. — Tél. 3 à Vagney.

Germain (Albin), Ventron. — Tél. 1.

Gérard et Hans, Gérardmer. — Tél. 133.

Tissage Hartmann (Michel), rue Lefèbvre, Epinal. — Tél. 301.

J. Haffner et Cie, Fresse. — Tél. 10.

Juillard et fils, Epinal. — Tél. 511.

Hatton, neveu Mangin, Lepanges. — Tél. 1.

Houbre, Bussang. — Tél. 9.

Jeangeorges (Romaric), La Bresse. — Tél. 12.

Kohler (Robert), Le Ménil. — Tél. 3.

Les successeurs de Koechlin (Fritz), Ramonchamp. — Tél. 2.

Etablissements Kullmann, Arches et Mulhouse.

Etablissements Kiener, Eloyes.

Les successeurs de Koechlin (Fritz), 24, rue du Mail, Paris. — Tél. central 73.71.

Kahn, Lang, Manuel et Cie, Epinal. — Tél. 311, 33, rue Poisonnière, Paris. — Tél. Gut. 07.86, Igney. — Tél. 1.

Lang (Georges) et Cie, Remiremont. — Tél. 23.

Fils d'Emanuel Lang, 11 bis, rue Bachaumont Paris. — Tél. central 02.24. Nancy. — Tél. 324.

Lévêque (Vve), Saint-Maurice. — Tél. 8.

Leduc-Remy, La Bresse. — Tél. 11.

Mangenot, à Saint-Maurice.

Mégnin et Chatel, rue de la Gare, Epinal. — Tél. 222.

Mura et Cie, Ronchamp. — Tél. 1.

Mieg (Ch.) et Cie, Mulhouse et Luxeuil. — Tél. 39.

De Montbel, Remiremont. — Tél. 147.

Mourot (P.), Rupt. — Tél. 10.

Etablissements Marchal, Saint-Dié. — Tél. 213.

Filatures de l'Est. — Tél. 45.

Etablissements Mougel-Humbertclaude, La Bresse. — Tél. 5.

Pinot (E.), Rupt. — Tél. 2.

Nathan Lévy et Cie Gérardmer. — Tél. 0.10.

Etablissements des Héritiers de Perrin (G.), Cornimont. — Tél. 7.

Fils de Perrin (V.), Thiefosse. — Tél. 1.

Perrin (P.) et Cie, Noméxy. — Tél. 2.

Renard (Georges) et Cie, Saint-Dié. —
Tél. 217.
Nicolas-Caimant, à Cornimont.
Fils de Nicolas Roussel, La Bresse. —
Tél. 3.
Nicolas Roussel (Vve), La Bresse. —
—Tél. 13.
Fils de Scheurer-Sahler, Lure. — Tél.
114.
Société Cotonnière, H. Géliot, Remire-
mont. — Tél. 21.
Société Cotonnière de Mirecourt. — Tél. 7.
Souvay (Ch.) fils, rue Boulay de la
Meurthe, Epinal. — Tél. 443.
Société d'impression des Vosges et Nor-
mandie, Epinal. — Tél. 312; 118, rue
Réaumur, Paris.
Société des Tissus de Golbey, rue de la
Gare, Epinal. — Tél. 120.
Société des Etablissements Flageollet,
Zainvillers. — Tél. 5 à Vagney.
Société des Filatures de Blainville, Blain-
ville. — Tél. 3.
Filatures et tissages de Saint-Nicolas du
Port, Saint-Nicolas. — Tél. 8.
Société des Tissus de laine des Vosges,
Le Thillot. — Tél. 2.
Société Cotonnière de l'Est, Vincey. —
Tél. 1, Portieux.
Société anonyme S. E. K., Saint-Dié. —
Tél. 209.
Schoendorff, Le Ménil. — Tél. 40 au
Thillot.
Tschupp (Jean) et Cie, 17, rue Gambetta
Epinal. — Tél. 139.
Tissage de Roville, 2, place de l'Hôpital,
Epinal. — Tél. 437.
Tissage de Saulx, Ferdrupt. — Tél. 1.
Tenthorey, quai des Bons-enfants, Epi-
nal. — Tél. 0.51, 56, 82.
Tissage de Beauménil, Bruyères. — Tél.
10.
Tissage de Rambervillers. — Tél. 65.
Unternehr, Bar-le-Duc. — Tél. 212.
Manufactures de Senones, Senones, rue
du Sentier, 30, Paris. — Tél. 20.
Velin (Ch.) et Cie, Saulxures. — Tél. 4.
La Forge. — Tél. 17.
Vinel (Léon), Syndicat. — Tél. 11 à
Saint-Amé.
Witz et Feltz, rue Jean-Viriot, Epinal.
— Tél. 231.
Walter Seltz et Cie, Granges. — Tél. 3.
Wittmann, Rupt. — Tél. 3.
Société des Anciens Etablissements
Ziégler, Golbey.
Société cotonnière d'Epinal.

Feldkircher (G.), Ramonchamp. — Tél.
7.
Claude (A.), Gérardmer. — Tél. 108.
Comptoir industriel cotonnier, Epinal. —
Tél. 324.
Société des filatures et tissage de No-
mexy, 56, rue du Faubourg-Saint-Ho-
noré, Paris. — Tél. inter. 478.
Société des filatures de Thaon, Paris. —
Tél. inter, 478.
Comptoir de l'industrie cotonnière,
Paris. — Tél. inter, 478.
Chagué et Cie, Cornimont. — Tél. 10.
Société cotonnière de Faymont, Fay-
mont. — Tél. 16.

**6. — Syndicat des Filateurs de Lin
de Chanvre et d'Etoupes de
France.**

Palais de la Bourse, Lille.

TÉLÉPH. 2.76.

Bureau :

MM. Paul LE BLAN, président d'honneur.
Alfred DESCAMPS, président.
Achille DRIEUX,
H. IRELAND,
Léon DESCAMPS,
Louis NICOLLE, vice-présidents.
Paul YON, Emile DELESALLE, secré-
taires généraux.
Charles POTTIER, trésorier.
Louis BOUTEMY, archiviste.
Hubert DEPOILLY, secrétaire.

Délégués auprès de l'Union :

MM. Alfred DESCAMPS, président, 1,
square Rameau, Lille; Paul LE BLAN, 1,
rue de Trévise, Lille; Louis NICOLLE, à
Canteleu, près Lille; Emile DELESALLE,
rue des Gantois, Lille.

Membres :
MM.
Etablissement Badin-Barentin.
Boitiaux (J.) et Cie, 1, rue Kléber, Lille.
— Tél. 312.
Boutemy, frères, Lannoy, Roubaix. —
Tél. 646.
Breuvart (A.), 130, rue Royale, Lille. —
Tél. 983.
Cardon-Masson, 61, rue Royale, Lille.

Catel-Beghin et Fokedey, rue d'Iéna, Lille. — Tél. 612.

Colombier (L.) et Cie, 13, rue de Thérouanne, Hazebrouck.

Comptoir linier de Frévent, 80, rue de Paris, Lille. — Tél. 154.

Cosserat, Fils et Cie, Amiens.

Crépy, Fils et Cie, 1, boulevard de la Moselle, Lille. — Tél. 352.

Decroix frères, 1, rue Lestiboudois, Lille.

Delannoy et fils, Lys-lez-Lannoy, Lannoy au Nord. — Tél. 12.

Etablissement (P.-C.), Delesalle, 12, rue Pasteur La Madeleine.

Delesalle-Thiriez (L.-E.), rue des Gantois La-Madeleine.

Descamps (Auguste), 1 *bis*, square Rameau, Lille. — Tél. 92.

Descamps (l'aîné), rue des Célestines, Lille. — Tél. 1642.

Desurmont (E.-A.-J.), 311, rue Léon Gambetta, Lille. — Tél. 1210.

Dervaux (M.-V.), Quesnoy-sur-Deule. — Tél. 13.

A. et P. et Charvet, rue de Flandres. Armentières.

Dufour (P.-E.), Hellemmes, Lille. — Tél. 179.

Duriez (H.-G.), Seclin. — Tél. 5.

Faucheur, frères, 84, rue des Stations, Lille. — Tél. 730.

Guillemaud (C.) et Cie, Seclin. — Tél. 4.

Guillemaud (E.) et Cie, Hellemmes.

Dufour frères, Halluin. — Tél. 14.

Jeanson (Ch.), 13, Parvis Saint-Maurice, Lille. — Tél. 1053.

Ireland (H.), 1, rue de Thionville, Lille.

Le Blan (P.) et fils, 1, rue de Trévise, Lille. — Tél. 720.

Leclercq (G.) fils, 70, rue des Sarrazins, Lille. — Tél. 423.

Leurent (J.) et fils Bousbecques.

Leurent frères, Roncq. — Tél. 3.

Lemaire (Vve J.) et Lemaire (A.), 42, rue de la Cloche, Tourcoing. — Tél. 252.

Lemaire Destombes, Saint-André, Lille. — Tél. 212.

Merveille (A.-G.), Thumesnil, Lille. — Tél. 659.

Etablissements Mahieu, Armentières.

Etablissement Nicolle (L.), Canteleu par Lille, Lille. — Tél. 176.

Parent-Montfort, Lannoy.

Poulier-Longhaye, rue de Valenciennes, Lille. — Tél. 177.

Prouvost (G.) et Cie, 280, rue Pierre Legrand Fives-Lille. — Tél. 663, Lille

Salmon (A.), 5, rue de Thionville, Lille.

Société Linière Lilloise, Lomme.

Etablissement Agache, 12, rue du Vieux Faubourg, Lille. — Tél. 811.

Société Saint-Michel, 98, rue de Douai, Lille.

Société Industrielle de la Lys, 15, avenue Bosquet, Paris.

Vandenbosch et Cie, Wambrechies. — Tél. 17.

Van de Weghe (A.) et Vernier (L.), rue des Processions, Fives-Lille, Lille. — Tél. 199.

Warguy (E.), 185, boulevard de la Liberté, Lille.

Yon (P.), 110, rue Saint-André, Lille. — Tél. 7. Hellemmes.

Société Linière de Wambrechies à Canteleu par Lille.

---

7. — Syndicat de l'industrie du jute.

15 rue du Louvre, Paris.

Bureau :

MM. R.-S. CARMICHAEL, président.
    G. VANDESMET, BADIN, JOURET, vice-présidents.
    P. WEIL, secrétaire.
    A. PECQUERIAUX, trésorier.

Délégués à l'Union :

MM. R.-S. CARMICHAEL, 15, rue du Louvre, Paris; G. VANDESMET, Watten (Nord); BERTRAND, 9, rue d'Uzès, Paris; Paul WEILL, 174, rue de Rivoli, Paris.

Membres adhérents :

MM.

Albert (Vve Ernest), à la Sandrosière, près Mortagne (Vendée).

Carmichael et Cie, 15, rue du Louvre, Paris. — Tél. Gut. 44.73.

Comptoir de l'industrie linière, Bessière-9, rue d'Uzès, Paris. — Tél. Gut. 45. 61.

Cuénin (J.-L.) et Cie, Dunkerque. — Tél. 1.35.

Dickson, Walrave et Cie, Coudekerque, Branche (Nord). — Paris, 49, rue de la Chapelle. — Tél. Nord 67.67.

Filatures et tissages de Marseille, boulevard des Vignes, Marseille. — Tél. 24.51.

Gardair (Les Fils de F.), 32, rue Tapis-Vert, Marseille. — Tél. 33.59.

Ireland (H.) et Cie, Houplines (Nord).

Pecqueriaux (E. et A.), Sains-du-Nord. — Tél. 6.

Séné-Cordier, Airaines (Somme). — Tél. 16.

Société des Etablissements Badin, Barentin (Seine-Inférieure). — Tél. 2.

Société des anciens Etablissements Migeon et Curtis, 19, rue La Fayette, Paris. — Tél. Trud. 53.17.

Société anonyme de Filature de jute, Arques (Pas-de-Calais), M. Jouret. — Tél. 4.

Sueur (Th.) fils et Cie, Beauval (Somme). — Tél. 8.

Thieffry (M.), 207, boulevard de la Liberté, Lille.

Vandesmet (A. et G.), Watten (Nord). — Tél. 1.

Weill (P.) fils et gendres, Blainville et Coudekerque-Branche (Nord), — Paris, 174, rue de Rivoli. — Tél. Cal. 27.85.

Weill frères et Cie, Dunkerque (Nord).

Winckler (P.), Société alsacienne de Filature et de Tissage de jute, Bischwiller (Bas-Rhin). — Tél. 2.

---

8. — Syndicat de l'Industrie Saint-Quentinoise des fils et tissus.

5, rue du Gouvernement, Saint-Quentin.

Téléph. 146.

Bureau :

MM. E. Touron, sénateur, président d'honneur.

Frédéric Hugues, député, président.

Lucien Léon, vice-président.

Daniel Béguin, secrétaire-trésorier.

Vincent, secrétaire-adjoint.

Délégués :

MM. Frédéric Hugues, président, 5 rue du Gouvernement, Saint-Quentin; Lucien Léon, 32, rue du Sentier, Paris; H. Taine, 16, rue Saint-Fiacre, Paris; Daniel Béguin, rue de l'Est, 13, Saint-Quentin.

Membres du Syndicat :

MM.

Basquin-Bertaux et Cie. Tissage mécanique. — Vincent (Henry), successeur, 209, rue de la Fère, Saint-Quentin. — *Bureaux à Paris, 85, rue Montmartre.*

Boudoux, frères et fils, Tissage mécanique, 10, rue du Gouvernement, Saint-Quentin. — *118, rue Lafontaine, Paris.*

Cornaille (F.) et Cie, Fabrique de guipures et tissage mécanique, rue de la Fère, Saint-Quentin. — *125, rue Montmartre, Paris (2e).*

David, Maigret et Donon, Tissage mécanique, 24, rue des Canonniers, Saint-Quentin. — Tél. 69. — *29, rue du Sentier, Paris.* — Tél. Gutem. 49.34, 49.38; Inter. 176.

Decaudin et Béguin fils, « *La Cotonnière de Saint-Quentin* », Tissages, Fabrique de rideaux, guipures, broderie, 33, rue Richard-Lenoir, Saint-Quentin. — Tél. 146. — *27, rue des Jeûneurs, Paris.* — Tél. central 71.46.

Hugues fils et Cie, « *La Cotonnière de Saint-Quentin* », Tissage-broderie, 5, rue du Gouvernement, Saint-Quentin. — *27, rue des Jeûneurs, Paris.* — Tél. central 71.46.

Laborie et Cie, Tissage mécanique, Saint-Quentin. — *3, rue de Buenos-Aires, Paris.*

Léon frères, Tissages mécaniques, *Siège social,* 32, rue du Sentier, Paris. — Tél. Gutem. 50.05. — *Boulevard Victor-Hugo; 67-69, rue des Patriotes, Saint-Quentin; 6, avenue de la Gare, Tarare.*

Morel (Georges), Retorderie de coton, 43, chemin de Gauchy, Saint-Quentin. — Tél. 61.

Schmidt (Paul), « *La Cotonnière de Saint-Quentin* », 33, rue Richard-Lenoir, Saint-Quentin. — *29, avenue de la Paix, Strasbourg.*

Sébastien (Mme Vve G.), Fabrique de rideaux-guipures, rue Camille Desmoulins, Saint-Quentin. — *18, rue du Sentier, Paris.* — Tél. Gutem. 53.15.

Taine, Guillot et Cie, Manufacture de tissus et Tissage mécanique. — Maison de vente à Paris, 16, rue Saint-Fiacre (2e). — Tél. central 44.05. — *Tissage à Saint-Quentin, 22, rue Croix-Saint-Claude.* — Tél. 113. — *Fabrique à Bertry (Nord); 11, rue de l'Eglise.*

Trèves fils (Adolphe), Tissage mécanique, 117, rue de Cambrai, Saint-
Quentin. — *21, rue du Sentier, Paris.*
Tél. Louvre 21-85; Gutem. 50.08.

Trocmé (Paul) et fils, « *La Cotonnière de
Saint-Quentin* », Fabrique de rideaux-
guipures, rue Quentin-Barré, Saint-
Quentin. — *48, rue des Jeûneurs, Paris.* — Tél. Cent. 51.44.

**9. — Syndicat des Filateurs et
retordeurs de coton de Lille et
environs.**

15, rue du Sec-Arembault, Lille.

TÉLÉPH. **331.**

Bureau :

MM. Henry WALLAERT, président.
Lucien CRÉPY, vice-président trésorier.
André BOUTRY, secrétaire.
Auguste DUPONT, secrétaire-directeur.
Julien Le BLAN.
Julien THIRIEZ.
Henri DELESALLE.

Délégués à l'Union :

MM. H. WALLAERT, 75, rue de Fontenoy,
Lille; Th. BARROIS, 51, rue Nicolas-
Leblanc, Lille; L. CRÉPY, 77, rue Royale;
Lille; DUPONT, secrétaire-directeur.

Membres :
MM.
Barrois et Cie, 87, rue de Lannoy, Fives-
Lille. — Tél. 702.
Bernard-Boutry et Cie, rue Parmentier.
Lille. — Tél. 625.
Brabant et Vandier, Loos. — Tél. 1455-
787.
Boutry-Droulers, 56, rue de Belle vue,
Fives-Lives. — Tél. 809.
Coisne et Lambert, 7, rue Adolphe,
Lille. — Tél. 239.
Eugène Crépy, 7, rue de Boulogne, Lille.
— 912.
Léon Crépy fils et Cie, Lambersart. —
Tél. 491.
Frédéric Delesalle, Marais de Lomme.
— Tél. 2 (Lomme).

Delesalle-Desmedt, au Canteleu. — Tél.
1003.
Etablissements Delebart-Mallet, rue des
Montagnards, Fives-Lille. — Tél. 624.
Duhot Fremaux et Delplanque, Lomme.
— Tél. 21.
Frings (Maurice) et Cie, Hellemmes. —
Tél. 698.
Leurent (P.) et fils, Lomme. — Tél.
260.
Le Blan et Cie, Palais de la Bourse,
Lille. — Tél. 922.
Lefebvre Horent frères, boulevard Bigo-
Danel, Lille. — Tél. 274.
Lorthiois, frères, 90, rue des Blois Blancs,
au Canteleu. — Tél. 962.
Lorthiois (L.), Houze de l'Aulnois, Duflos, 2, rue Deschodt, Lille. — Tél.
61.
Lemaire Leclerq, 15, rue Roland, Lille.
— Tél. 982.
Quiret (Th.) et Cie, 2, rue des Meuniers,
Lille. — Tél. 1519.
Retorderie d'Hellemmes, Hellemmes-
Lille. — Tél. 1266.
Société cotonnière d'Hellemmes, Hellemmes-Lille. — Tél. 717.
Société cotonnière Lilloise, Avenue de
Bretagne, Canteleu. — Tél. 343.
Société cotonnière de Fives, rue de Bouvines, Fives-Lille. — Tél. 668.
Saint-Léger (André) et Cie, La Madeleine.
— Tél. 1244.
Thiriez (J.), père et fils, rue du faubourg
de Béthune, Lille. — Tél. 433.
Vermesch, 12 *bis*, rue de Wagram, Lille.
— Tél. 939.
Wallaert frères, 75, rue de Fontenoy,
Lille. — Tél. 658. — *Succursale à Paris, boulevard Sébastopol.*

**10. — Union des fabricants et façonniers tisseurs des régions de
Fourmies, du Cambrésis, de Saint-
Quentin et de Reims.**

à Fourmies (Nord).

Bureau :

MM. André SEYDOUX, président.
Antoine MENARD, vice-président.
J. DEMOLON, secrétaire-trésorier.

Délégués :
MM. André SEYDOUX, Le Cateau (Nord);

Adrien LEGRAND, 38, rue des Jeûneurs,
Paris; TELLIER, directeur de l'Union,
Fourmies.

Membres :

MM.
Bayart (Achille) et fils, Roubaix, Sains-
Richaumont (Aisne) et Anor (Nord).
Berquet (A.), Rethel (Ardennes).
Boussus (E.) et Cie, Wignehies (Nord) et
107, rue de Sèvres, Paris.
Bulteau (Gustave), Wignehies (Nord).
Cattelain fils et Cie, Boussières (Nord),
et 15 rue du Conservatoire, Paris.
Dautigny, Melere et Cie, Sons-Châtillon
(Aisne).
Demettre, Sault, Ciriez, 17, rue d'Haute-
ville, Saint-Souplet (Nord).
Demolon (J.), Cambrai (Nord).
D'halluin-Lepers frères, Roubaix, Le
Cateau (Nord).
Dislaire (Auguste) et Cie, Rieux (Nord).
Divry (L.) et Cie, Fourmies (Nord). Sains-
Richaumont (Aisne).
Ducornet - Lallemant,   Poix - du - Nord
(Nord).
Falleur (Achille) et Cie, Trelon (Nord).
Flament (Charles) et Cie, 8 bis, cité Tré-
vise, Paris. Anor (Nord).
Herlem-Petit, Solesmes, Inchy (Nord).
Jacquot père et fils, 50, rue de Paradis,
Paris et Fourmies.
Jourdain (J.) et Cie, 42, rue, de Paradis,
Seboncourt (Aisne).
Layrisse (P.), 16, rue des Jeûneurs,
Vaux Andigny (Aisne).
Ledieu (A.), Briastre. par Viesly (Nord).
Legrand (Adrien) et Cie, 38, rue des
Jeûneurs, Paris. Glageon (Nord).
Lemaire fils et Taquet, Esqueheries
(Aisne).
Lorriaux-Moguet et Cie, Le Cateau (Nord).
Menard-Real et fils, Solesmes (Nord).
Michau (Th.) et Cie, 9, faubourg Pois-
sonnière, Paris. Beauvois (Nord).
Maroger et Devigne, Bertry, 4, rue de
Trévise, Paris.
Millet-Boivin, 19, rue d'Hauteville, Paris
et Masnières (Nord).
Noiret (L.) et Cie, Fourmies (Nord).
Robache-Manet, Solesmes (Nord).
Société Ane, tissage de Proisy, 1, rue du
Mail, Paris et à Proisy (Nord).
Taine, Guillot et Cie, 16, rue Saint-Fia-
cre, Paris et à Saint-Quentin (Aisne).
Seydoux et Cie, 23, rue de Paradis, Pa-
ris. Le Cateau (Nord).

Wattremez-Wallerand (Vve), Louvignies-
Quesnoy (Nord).

---

11. — Syndicat des filateurs de coton de Roubaix - Tourcoing.

Bourse du Commerce, rue de l'Hôtel-de-
Ville, 3, Roubaix. — Tél. 12 et 661.

Bureau :

MM. Charles FLIPO, président.
Paul MULLIEZ et Pierre TOULEMONDE,
vice-présidents.
CARIAGE, trésorier.

Délégués :

MM. Charles FLIPO, rue du Tournai,
Tourcoing; Paul MULLIEZ, 120, rue de
l'Gimmel, Roubaix et Pierre TOULEMONDE;
30, rue du Pays, Roubaix, J. LEGRAND,
rue d'Austerlitz; A. DAMEZ, 53, rue de
Châteaudun, Paris; J. DELERUE, 3, rue
de l'Hôtel-de-Ville, Roubaix.

Membres :

MM.
Bernard et Leurent, 68, rue du Moulin,
Tourcoing. — Tél. 56.
Cavrois-Mahieu, 48, rue Chanzy, Rou-
baix. — Tél. 155.
Cotonnière du Touquet, 81, rue du Tou-
quet, Tourcoing. — Tél. 154.
Cotonnière de Croix, 76, rue de la Gare,
Croix. — Tél. 48.
Caulliez frères, 38, rue du Général-
Drouot, Tourcoing. — Tél. 148.
Duvillier-Motte fils, 68, rue du Tilleul,
Tourcoing. — Tél. 22.
Dillies frères, 38, boulevard de Reims,
Roubaix. — Tél. 218.
Desurmont-Joire et fils, 74, rue de Me-
nin, Tourcoing. — Tél. 32.
Dazin-Motte fils, boulevard de Four-
mies, Roubaix. — Tél. 352.
Dassonville-Dubar fils, 20, rue du Viro-
lois, Tourcoing. — Tél. 178.
Flipo (Charles et François), 216, rue
Vinoc-Choqueel, Tourcoing. — Tél. 25.
Flipo fils aîné, 13, rue du Château,
Tourcoing. — Tél. 33.
Filature du Nord, 17, rue Pasteur, Was-
quehal. — Tél. 656.
Filature de Beaumont, 31, rue du Pays,
Roubaix. — Tél. 321.

Joire (Alexandre), 80, rue de la Latte,
Tourcoing. — Tél. 353.
Leurent (Paul et Henri), 100, rue de
l'Épine, Tourcoing. — Tél. 18.
Legrand et Cie, 13, rue d'Austerlitz.
Tourcoing. — Tél. 57.
Loridant (Veuve Eugéne) et fils, 112,
rue d'Hondschoote, Tourcoing, — Tél.
118.
Masurel (Albert) et Cie, 63, rue Jacquart,
Roubaix. — Tél. 338.
Mulliez frères, 120, rue de l'Ommelet,
Roubaix. — Tél. 208.
Motte et Blanchot, 6, rue de Babylone,
Roubaix. — Tél. 164.
Motte et Cie (Étienne), 30, rue d'Alger,
Roubaix. — Tél. 6.
Motte-Bossut fils, 58, boulevard Gam-
betta, Roubaix. — Tél. 49.
Motte (Les fils d'Alfred), rue Heilmann,
Roubaix. — Tél. 356.
Motte frères (L. et F.), 211, rue des
Piats, Tourcoing. — Tél. 868.
Pollet (Alphonse), 47, rue Soufflot, Tour-
coing. — Tél. 82.
Requillart (Paul), 55, rue de Bouvines,
Tourcoing. — Tél. 149.
Société anonyme de Roubaix, 28, rue
du Curoir, Roubaix. — Tél. 236.
Établissements Wibaux-Florin, 27, rue
de la Fosse-aux-Chênes, Roubaix. —
Tél. 27.

---

12. — Syndicat des Indienneurs
Normands.

à Rouen.

Membres adhérents :
MM.
Besseltèvre fils et Cie, à Maromme.
Boissière et fils, rue de Crosne, Rouen.
Établissement Renaut, 61, boulevard
Cauchoise, Rouen.
Long, frères, Dévilles-lès-Rouen.
Société des Anciens Etablissements Gi-
rard, Déville-lès-Rouen.
Société des Anciens Etablissements Keit-
teinger et fils, Lescure, près Rouen.
Société de Saint-Aubin-Epinay, rue de
Crosne, Rouen.
Société des Indiennes françaises, Bolbec.

---

13. — Syndicat des Fabricants
de soieries de Lyon.
21, rue d'Alsace-Lorraine.
TÉLÉPH 48.44-51.38.

Bureau :

MM. F. FÉRIER et A. PAULE, présidents
d'honneur.
M. JOURNET, vice-président d'hon-
neur.
B. FOUGÈRE, président actif.
F. CHARBIN, J. PICHET, J. GUIGOU,
Vital MATHIEU, J.-B. PELLISSIER,
vice-président.
H. CHAVENT et J. GIGUET, trésoriers.
P. CHAISE et G. GENTHON, secrétaires.

Délégués à l'Union :

MM. E. FOUGÈRE, président, 74, rue
Vendôme, Lyon; PAULE, 24, Place Tolo-
zan, Lyon; F. BOISSON, 9, rue du Griffon,
Lyon; J. GENDRE, 165, Cours Emile-Zola
(Villeurbanne); J. GIGUET, 2, Cours des
Chartreux (Lyon); G. GENTHON, 14, rue
Tronchet, Lyon; E. PELLETIER, 7, rue de
la République, Lyon; G. DIGONNET, 8, rue
du Griffon, Lyon; P. GUÉNEAU, 7, place du
Griffon, Lyon; C. LAVAL, 12-14, rue du
Lieutenant-Prévost, Lyon; J.-B. PELLIS-
SIER, 7, place du Griffon, Lyon; V. MA-
THIEU, 4-6, rue Damon, Villeurbanne;
G. SABBAN, 19, place Tolozan, Lyon.

Secrétaire : M. PELLETIER, 21, rue d'Alsace-Lorraine, Lyon.

Membres :
MM.
Alex et Boudon, 9, rue de la République.
Les successeurs d'Algoud et Cie, 3, rue
du Griffon. — Tél. 4.27.
Algoud Joannon (Maurice) et Rivaux,
33, rue Puits-Gaillot. — Tél. 58.04.
Anselme (E.) et Cie, 2, rue Puits-Gaillot.
— Tél. 1.90.
Araud (S.), 3, rue des Trois-Meules,
Saint-Etienne.
Argoud et Nachury, 26, rue des Capu-
cins. — Tél. 55.07.
Argoud (J.-L.), 153, boulevard de la
Croix-Rousse.
P. Armanet, 12, rue Royale. — Tél.
16-82.
Astier-Favrot et Cie, 14, quai Saint-
Clair. — Tél. 23.36.

Aubert (P.), 5, Petite rue des Feuillants.
— Tél. 21-72.

Baboin (Aimé) et Cie, 31, rue Royale. —
Tél. 9-42.

Baccard (F.), 8, quai Saint-Clair. — Tél.
59-34.

Bacharach (L.), 27. rue Puits-Gaillot. —
Tél. 27-48.

Bacon (J.), 51, rue Dedieu, Villeurbanne.

Bajat (J.), Talon (L.) et Mathais, 4, rue
Terraille.

Les fils de Balas-Dubouchet, 22, rue des
Capucins. — Tél. 4.49.

Balley frères, 23. place de la Comédie.
— Tél. 39.81

Bally et Richard, 19, rue d'Alsace-Lorraine. — Tél. 2.74.

Baloffier (Marius), 75, rue Dedieu. Villeurbanne.

Bargillat frères, 21, rue Longue. — Tél.
3.26.

Barral et Cie, Crest (Drôme).

Barret (J.) 3-5, rue Louis-Vitet. — Tél. 46.58.

Barret et Aurès, 1, rue du Griffon. —
Tél. 5.54.

Bayart (Achille et Joseph), Voiron (Isère).

Bayzelon (J.) et Porte (L.) 4, Grande rue
des Feuillants. — Tél. 19.16.

Bégot frères et Donneaud, 13, rue du
Griffon. — Tél. 6.72.

Bellet (C.), 19, rue Puits-Gaillot. — Tél.
53.39.

Bellet frères, 8, quai Saint-Clair. — Tél.
21.82.

Bellier (E.), 5, rue du Griffon.

Béraud (J.) et Cie, 1, quai de Retz. —
Tél. 9-48.

Bérenger (A.) et Cie, 6, quai de Retz. —
Tél. 24.45.

Berger (Veuve) (Société anonyme), 8,
place des Terreaux. — Tél. 21.17.

Berger (A.), 50, boulevard Pommerol. —
Tél. 32.28.

Berger (Jérôme) et Cie, 20, rue Descartes (Villeurbanne). — Tél. 21.53.

Bernard et Bernay, 2, rue Coysevox.

Bernardin frères, 21, rue d'Alsace-Lorraine. — Tél. 13.10.

Berthod et Cie, 10, rue Saint-Polycarpe.

Berthollier (P.), 11, place Croix-Paquet.
— Tél. 54-75.

Bertrand (Henry), 3, Grande rue des
Feuillants. — Tél. 9.81.

Bertrand frères, Petit et Cie, 5, place du
Griffon. — Tél. 61.98.

Bessière (L.) et Cie, 22, rue Pizay. — Tél.
9.47.

Besson frères et Cie, 20, rue Lafont. —
Tél. 16-13.

Biais frères et Cie, 8, rue Pierre-Dupont.
Tél. 40.22.

Bianchini et Ferier, 10, rue Calliet —
Tél. 10.27.

Bickert et fils (Société anonyme des
Etablissements), 8, rue Calliet. — Tél.
4.65.

Bionnet (Claude), 14, rue Duviard. —
Tél. 56.44.

Blachier et Cie (F.), 15, rue du Griffon.
— Tél. 7.01.

Blain (M.), 22, rue des Capucins. — Tél.
28.16.

Blanc (S.) et Fontvieille, cours Lafayette.
136. — Tél. Vaudrey 27.58.

Blancard et Nambotin, 21-23, rue d'Algérie. — Tél. 24.92.

R. Blond et Cie, 16, rue Royale.

Bocuze et Cie (J.), Société anonyme, 20,
rue de Crillon. — Tél. Vaudrey 7.49.

Bocuze (A.) fils et Cie, 8, cours de la
Liberté.

Boget-Mercier et Cie, 14, rue du Garet. —
Tél. 3.49.

Bois (P.), 3, place des Tapis.

Boissier (P.), 1-3, rue des Belles-Femmes
(Villeurbanne). — Tél. 7-97.

F. Boisson, 9, rue du Griffon. — Tél.
57.81.

Boisson (F.) et Fesquet (A), 18, place
Tolozan. — Tél. 10.32.

Boissonnet et Cie (A.), 24, place Tolozan. — Tél. 20.26.

Bonnand (J.), 12, rue Saint-Polycarpe. —
Tél. 30.83.

Bonnet (Société anonyme des Etablissements les petits-fils de C.-J.), 8, rue
du Griffon. — Tél. 5-48.

Borgé (Constant), 16, rue Désirée. — Tél.
8.83.

Boucharlat et Cie, 11, impasse Lorette.
— Tel. 5.55.

Boucharlat jeune, 29, rue Puits-Gaillot.
— Tél. 33.72.

Bouffier frères, 16, rue Lafont. — Tél.
12.09.

Bouillet frères et Cie, 16, rue Lafont. —
Tél. 22 22.

Bourgeois fils (G. et L.), 19, cours des
Chartreux. — Tél. 37.17.

Boutaud (Amédée), 2, rue Puits-Gaillot.
— Tél. 32.17.

Bouteille (C.), 10, rue Saint-Polycarpe.
— Tél. 54.89.

Bouton (B.), 15, quai Saint-Clair.

Bouvard et Cie, 20, rue Lafont. — Tél. 38.63.

Bresson et Giguet, 8, quai de Retz. — Tél. 32.97.

Brochier (J.) et fils, 19, rue de l'Arbre-Sec. — Tél. 4.35.

Bron et Madrange (L.-J.-M.), 2, rue du Bât-d'Argent.

Brugel (Mlle Antoinette), 8, rue Saint-Polycarpe.

Brunière (J.) et Cie, 21, rue d'Alsace-Lorraine. — Tél. 22.07.

Buchet père et fils, 3, rue du Griffon. — Tél. 42-61.

Budin, 42, route de Vaulx, Villeurbanne. — Tél. 54.06.

L. Buttaud et Cie, 6, rue Coustou.

Cabias (A.) et Fabre (J.), 1, place Croix-Paquet.

Cabias (H.), 33, rue Royale.—Tél.53.20.

Cahen (P.) et Cie, 9, quai de Retz. — Tél. 23.68.

F. Caillon et Cie, 24, place Tolozan. — Tél. 39.47.

Calvet, Faure et Cie, 12, rue Saint-Polycarpe.

Camel Pahud et Cie, 5, Petite rue des Feuillants.

V. Carlhian, 12, rue d'Algérie. — Tél. 57.79.

Carlin fils, 45, rue de Sèze. — Tél. Vaudrey 3.85.

Carrabin et Cie, 8, rue Lafont. — Tél. 44.21.

J. Carrier, 13, rue d'Alsace-Lorraine. — Tél. 52.19.

Carron (J.), 6, rue de la République. — Tél. 20.15.

Chaboud-Perret et Mallessard, 3, rue Coysevox.

Chadebec (J.-E.), 14, rue du Repos. — Tél. Vaud 7.93.

Chaine (L.) et Cie, 4, rue Puits-Gaillot. — Tél. 35-44.

Chambard (C.), 3, place Croix-Paquet. — Tél. 1.38.

Chanay (P.) et Cie, 5, rue Pizay. — Tél. 13.01.

Chapelet et Berthon, 3, rue du Garet. — Tél. 42.24.

Charbonnet (Ed.) et Cie, Trévoux (Ain).

Charpentier (Société des Etablissements), Meyzieu (Isère).

Chartron (E.) et Cie, 5, rue du Griffon. — Tél. 5.42.

Charvet (G.), 4, rue Sainte-Catherine. — Tél. 60.37.

Chatillon, Mouly, Roussel et Cie, 19, place Tolozan. — Tél. 10.07.

Chavanis et Cie (Henry), 8, rue du Griffon. — Tél. 7.72.

Chavent (H.) et fils, 5, rue de la République. — Tél. 6.20.

Chavent (André et Jacques), 2, quai de Retz. — Tél. 12.25.

Chavepayre et Chermette, 4, Grande rue des Feuillants. — Tél. 35.23.

Chaverot (L.), 2, rue de la République. — Tél. 12.05.

Chenevière (R.), M. Denis, 19, place Tolozan — Tél. 12.13.

Chevrot-Lablanche et Cie, 8, rue Romarin. — Tél. 8.96.

Clerc-Renaud (M.) et Cie, 27, rue Puits-Gaillot. — Tél. 33.69.

Clerc (Joannès), 27, rue Puits-Gaillot. — Tél 5.30.

Colomb-Folliet (Veuve) et Cie, 2, rue Puits-Gaillot. — Tél. 41.47.

Combe (N.), 10, rue des Capucins. — Tél. 23.92.

Combet (A.) et Cie, 9, quai Saint-Clair. — Tél. 35.16.

Combier et Cie, 27, place Tolozan. — Tél. 47.50.

Combier et Commarmond, 6, grande rue des Feuillants. — Tél. 19.27.

Comptoir Lyon-Alemand, 33, rue Crequi. — Tél. V. 6.89.

Cornille frères, 6, quai de Retz.

Coudurier Fructus et Descher, 170, boulevard de la Croix-Rousse.—Tél.48.21.

Couturier (Les fils d'Alphonse), 22, place Tolozan. — Tél. 19.51.

Crépaux et Froget, 3, Grande rue des Feuillants. — Tél. 21.68.

Dalby (L.) et Cie, 10, rue Saint-Polycarpe. — Tél. 45.18.

Dauphin et Miséry (A.), 1, place Croix-Paquet. — Tél. 39-99.

Davenière et Co Ltd, 21, place Tolozan. — Tél. 25.26.

David frères, 3, rue du Griffon. — Tél. 41.22.

Debiesse (L.) et Cie, Charlieu (Loire).

Debrabant (A.) et fils, 15, rue des Capucins. — Tél. 46.73.

De Clavière (A.) et Cie (Société anonyme), 1, place Saint-Clair. — Tél. 20.62.

Deglas (R.) et Cie (Les successeurs de), 32, rue du Sentier, Paris.

Delaye (J.) et Cie, 19, rue des Capucins. — Tél. 52.58.

Demurger et Cie (Société des filets et

résilles), 15, rue Sainte-Catherine. — Tél. 55-51.

Derungs frères, 4, rue Coustou. — Tél. 20.44.

Descours et Genthon, soieries (Société anonyme), 14, rue Tronchet. — Tél. Vaudrey 10.52.

Despiney-Paturle et Cie, 5, rue du Griffon. — Tél. 20.87.

Devay et Paule (Société anonyme), soieries, 24, place Tolozan. — Tél. 10.29.

Digonnet (G.) et Cie, 8, rue du Griffon. — Tél. 20.00.

Dognin et Cie, 11, rue Pizay. — Tél. 12.20.

Dreutler frères, 6-8, rue des Capucins. — Tél. 45.01.

Dubois (A.) et fils, 67, rue de Créqui. — Tél. Vaudrey 4.16.

Dubost (Charles) et Cie, 14, rue Royale. Tél. — 27.50.

Dubost (Eugène), 12, place Croix-Paquet. — Tél. 46.50.

Dubost (Joseph), 31, rue Puits-Gaillot. — Tél. 18.64.

Duchamp (E.), 33, rue Royale. — Tél. 9.44.

Ducharne (F.) et Cie, 4, rue de la République. — Tél. 33.63.

Ducoté et Côté, 6, Grande rue des Feuillants. — Tél. 10.22.

Ducroux (F.), 4, Petite rue des Feuillants. — Tél. 63.55.

Dufour et Thomas, 14, rue du Garet. — Tél. 5.84.

Dumoulin (J.) et Cie, 17, rue Royale, — Tél. 38.77.

Duplat et Guillet, 10, rue Saint-Polycarpe. — Tél. 41.63.

Dupuy et Sibille, 14, rue Romarin. — Tél. 62.32.

Durand et Collon, 19, place Tolozan. — Tél. 10.40.

Dutel (C.) et Cie, 28, rue Valentin-Couturier. — Tél. 2.37.

Duviard-Dime (E.) et Cie (Société anonyme), 12, quai Saint-Clair. — Tél. 11.86.

Eparvier (H.), 16, place Tolozan. — Tél. 24.78.

Escoffier (J.) et Cie, 6, rue d'Algérie. — Tél. 10.92.

Etablissements métallurgiques de Rai-Tillières, 4, rue Neuve.

Eyraud (H.), 12, rue Saint-Polycarpe. — Tél. 6.12.

Feige (A.), 10, rue du Bât-d'Argent. — Tél. 50.21.

J. Fesq, 1, rue Coysevox.

Fichet (A.) (Les fils de), 9, place de la Miséricorde. — Tél. 2.72.

Flachard (C.) et fils, 9, Petite rue des Feuillants. — Tél. 54-63.

Fougère frères, 74, rue Vendôme. — Tél. Vaudrey, 28.10.

Fouillant (P.) et Cie 9, rue du Garet. — Tél. 40.06.

Frachon-Queyras (J.) et Ponson, 5, rue Vendôme. — Tél. 5.93. Vaudrey.

Frachon-Ressicaud et Cie, 33, rue Puits-Gaillot. — Tél. 37.32.

Fructus et Dulian, 5, quai Saint-Clair. — Tél. 9.40.

Gaborit (J.) et Cie, 1, rue Puits-Gaillot. — Tél. 9.04.

Galland-Dodet (Mme), 5, place Croix-Paquet. — Tél. 47.29.

Carlon (L.), 5, rue du Garet.

Gauthier (P.), 14, rue Saint-Polycarpe. — Tél. 41.44.

Gautier (R.) et Prelle (A.), 3, quai de Retz. — Tél. 9.67.

Généraux (J.-B.), 10, rue Saint-Polycarpe. — Tél. 27.17.

Genin (H.) père et Chaine (P.), 20, rue des Capucins. — Tél. 4.45.

Genin (Jean), 18, rue Terraille. — Tél. 20.80.

Geoffray (E.), 4, rue Dognin, Villeurbanne.

Giffard et Carré, 15, rue des Capucins.

Giguet (Julien), 2, cours des Chartreux. — Tél. 50.10.

Gillet (Mme Veuve F.), 24, rue Pizay. — Tél. 22.62.

Gindre-Duchavany et Cie, 18, quai de Retz. — Tél. 17.22.

Girardet (Joannès), 3, rue Rozier.

Giraud (Alexandre) (Société anonyme des Anciens Etablissements), 12, rue du Griffon. — Tél. 4.56.

Giraud (Louis), 5, rue Puits-Gaillot. — Tél. 41.85.

Giraud et Commarmond, 4, Grande rue des Feuillants. — Tél. 33.04.

Giraud (L.-A.), 54, rue Vendôme. — Tél. 23.53. Vaud.

Girerd frères, 3, rue Pizay.

Girodon (A.) et fils (Société anonyme), 7, quai Saint-Clair. — Tél. 13.57.

Giron frères, 20, rue Richelandière, Saint-Etienne.

Gleizal (P.) et Cie, 24, rue des Capucins. — Tél. 59-68.

Godécaux (A.), 1, rue Donnée.

Godde-Bedin (Albert) et Cie (Les successeurs d'), Mondon et Cie, 15, quai des Brotteaux. — Tél. Vaud. 16.08.

Goguel (J.-Ch.) et Cie, Société anonyme des Anciens Etablissements, 15, rue des Capucins. — Tél. 24.24.

Goirand (E.), 5, place du Griffon. — Tél. 35 58.

Gonin (A.), 1, rue Lanterne.

Gonnet (C.), 5, rue du Garet. — Tél. 13.42.

Coutaland (A.) et fils, 14, rue du Griffon. — Tél. 7.02.

Granger (L.), 13, rue des Capucins.

Grassy (J.), 9, rue Barodet. — Tél. 24.43.

Grataloup et Vergoin (Les successeurs de), 21, rue Puits-Gaillot. — Tél. 5.36.

Grenot (Gabriel), 3, quai de Retz.

Gros-Million et Cie, 24, rue Pizay. — Tél. 43.15.

Gubert (A.), 25, place Tolozan. — Tél. 38.62.

Guéneau et Pellissier, 7, place du Griffon. — Tél. 5.60.

Guérin (Dominique), 29, rue Royale. — Tél. 56-72.

Guerrier (J.), 52, rue de la République. — Tél. 46-93.

Guibout (André), 12, rue des Capucins. — 160, rue Montmartre, Paris.

Guigou père et fils, 18, place Tolozan. —

Guillet-Gros, Brosset Heckel, 45, avenue de Noailles. — Tél. Vaud. 13.80.

Guillon frères, 11, place Croix-Paquet. — Tél. 19.81.

Guinard et Dargaud, 19, place Tolozan. — Tél. 4.28.

Guinet (A.) et Cie, 31, rue Puits-Gaillot. — Tél. 5.27.

Gustelle-Dufour (C.) et Cie, 18, place Tolozan. — Tél. 15.73.

Haour (Ph.), 16, rue Saint-Polycarpe. — Tél. 63.88.

Heinrich (Ch.) et Cie, 17, rue du Griffon. — Tél. 4.63.

Héraud (P.) et Vuaille (A.), 18, rue des Capucins. — Tél. 4.43.

Hopital frères, 76, rue Boileau. — Tél. Vaud. 23.47.

Jacquemin (Henri), 14, rue Valentin-Couturier.

Jacquet (Laurent), 19, rue d'Alsace-Lorraine. — Tél. 18.57.

Jaillet et Bouchard, 6, Grande rue des Feuillants. — Tél. 10.25.

Jallade (S.) et Gendre (J.), 165, cours Emile-Zola, Villeurbanne. — Tél. 12.45.

Jarrosson et Cie, 18, rue Lafont. — Tél. 12.19.

Jarrosson (Les fils de L.), 5, rue Puits-Gaillot. — Tél. 6.30.

Joseph (Nathan), 16, rue des Capucins. — Tél. 43.15.

Kiemlé et Marcet (Les successeurs de), 14, boulevard du Lycée. — Tél. 5.80.

Lachard (A.), Cognard (A.) et Cie, 7, rue d'Alsace-Lorraine. — Tél. 45-76.

Lacour (S.), 21, rue d'Alsace-Lorraine. — Tél. 9.13.

Lafourcade (G.) et Bacconnier (Fabrique) (Société anonyme), 21, rue Royale. — Tél. 55.99.

Laliche (C.) 13, rue Sainte-Catherine.

Lancelot (A.), 20, place Tolozan. — Tél. 20.54.

Lanthelme (J.), 8, rue Pelletier. — Tél. 38.89.

Latoud (J.), 79, rue de la Viabert, Villeurbanne. — Tél. 39.15.

Laurent (Henri), 9, rue Saint-Polycarpe, Tél. 18-59.

Laval (C.) et Cie, 12-14, rue Lieutenant-Colonel-Prévot. — Tél. Vaudrey 13.13.

Laval et Manger (Les successeurs de), Grande rue des Feuillants. — Tél. 1. 5.59.

Lavy (A.), 19, rue Descartes, Villeurbanne.

Lehmann (A.) et fils, 3, place Michel-Servet. — Tél. 9.23.

Lehmann (David), 35, rue Vieille-Monnaie. — Tél. 45-92.

Lépine et Gout, 2, quai Saint Clair. — Tél. 27.81.

L'Eplattenier frères et Cie, 7, rue d'Alsace-Lorraine. — Tél. 30-91.

Lévi frères, 9, rue de l'Arbre-Sec. — Tél. 63.39.

Lévy (A. et M.) et Cie, 3, place Croix-Paquet. — Tél. 18.06.

Lévy frères (Rubens et Armand), 7, rue du Griffon. — Tél. 42.11.

Lévy (Lucien) et Cie, 73, avenue de Saxe. — Tél. Vaudrey 24-66.

Lévy (Albert) et Cie, 12, rue Saint-Polycarpe. — Tél. 42.52.

Liandrat (P.) et fils, 10, rue Romarin. — Tél. 21.61.

Libet et Meyer, 3, quai Saint-Clair. — Tél. 45.10.

Lobre, 3, rue de la République. — Tél. 39.90.

Lombard (A.), 30, montée des Carmélites. — Tél. 5.87.

Longuet (J.), 2, rue Désirée.

Lonjarret et Prost, 12, rue Romarin.

Louis (Félix), 17, rue du Griffon. — Tél. 13.47.

Lyonnet (Ch.), 12, quai Saint-Clair. — Tél. 6.07.

Magnillat (Jean et Paul), 16, rue des Capucins. — Tél. 23.50.

Malaval et Garcin, 29, rue des Capucins. Tél. 32.69.

Malligaud (E.), 58, rue de l'Hôtel de Ville. — Tél. 19.76.

Malpertuy frères, 20, rue Royale. — Tél. 14.57.

Mantelier et Cie, 22, rue Royale. — Tél. 10.35.

Marion (Antoine), 22, place Tolozan. — Tél. 7.49.

Marion aîné et Cie, 26, place Tolozan. — Tél. 10.33.

Martin (J.-B.), Manufacture de velours et peluches, 13, rue Saint-Victorien, Villeurbanne. — Tél. 10.45.

Martin (A.), 10, rue du Bât-d'Argent. — Tél. 3.81.

Martin (E.), et Moine (C.), 5, rue du Bât-d'Argent.

Mathieu (Louis), 3, rue de Genève. — Tél. 7.35.

Mathieu (V. et ses fils) (Etablissements), 1, Grande rue des Feuillants. — Tél. 8.08.

Mathon (M.), 21, rue des Capucins.

Mauger (Ch.), Tassin-la-Demi-Lune (Rhône).

Maurel et Chabert, 10, Grande rue des Feuillants. — Tél. 6.62.

Maynard et Rollin, 11, place Croix-Paquet. — Tél. 38.95.

Meiffre (A.), 14, rue Royale. — Tél. 22.63.

Mérieux (H.) et Cie, 19, rue Dubois. — Tél. 6.86.

Michal-Ladichère (H.), et Cie, 18, place Tolosan. — Tél. 62.91.

Michalon (Mme Vve P.), 6, rue Désirée. — Tél. 13.27.

Micoud et Rigollier, 4, rue de la République. — Tél. 38.94.

Mignot-Bélart et Bosse-Platière, 4, Petite rue Neuve-des-Charpennes, Villeurbanne. — Tél. 4.29.

Milliard (Jules), 2, rue Grenette. — Tél. 25.89.

Moiroud et Riberon, cours d'Herbouville, 18.

Monod (E.), 32, rue de l'Egalité.

Montaland et Mizgler, 27, rue Royale. — Tél. 9.33.

Montant-Latreille et Cie, 6, Grande rue des Feuillants. — Tél. 10.24.

Montessuy (G.) (Les successeurs de), 19, place Tolozan. — Tél. 4.52.

Montgrand (P.), 17, rue Sainte-Catherine. — Tél. 52.27.

Morel (Mme Vve A.), 9, rue Saint-Polycarpe. — Tél. 15.69.

Morins (L.), 11, rue des Capucins. — Tél. 46.22.

Moutet Charreton et Cie, 5, rue Pizay. — Tél. 42.68.

Neuville (Louis), 9, quai de Retz.

Nicolas (J.) et Cie, 7, rue Puits-Gaillot. — Tél. 22.39.

Orlard et Cie, 14, rue Désirée. — Tél. 2.31.

Parent (Joseph M.), 10, quai de Retz. — Tél. intern. 56.44.

Pelletier frères et Cie, 7, rue de la République. — Tél. 15.14.

Penet et Crétin, 2, place des Capucins. — Tél. 47.32.

Penet, Guillard et Cie, 10, rue du Griffon. — Tél. 23.19.

Pérard (L.), 4, rue Magenta, Villeurbanne. — Tél. Vaudrey 6.46.

Permezel (G.-L.) et Cie, 79, cours Vitton. — Tél. Vaudrey 13.78.

Pernet et Carrier, 23, place Tolozan. — Tél. 40.25.

Perret (V.) et Cie, 40, rue de l'Hôtel-de-Ville. — Tél. 5.74.

Perrot (Ed.) et Cie, 18, rue Lafont. — Tél. 12.16.

Peschier et Cornut, 5, quai de la Guillotière. — Tél. Vaudrey 8.71.

Peyrac (R.), 14, rue Désirée. — Tél. 56.79.

Piotet (J.-M.) et Roque (J.), 4, Grande rue des Feuillants. — Tél. 8.13.

Poey (Ed.), 2, place des Capucins. — Tél. Vaudrey 53.45.

Poncet (A.), 11, place Croix-Paquet.

Ponchon et Lecmann, 23, rue Royale. — Tél. 17.93.

Porte, Gacon et Descostes, 16, rue Romarin. — Tél. 6.13.

Pouget et Poncet, 12, rue Saint-Polycarpe. — Tél. 40.96.

Poyet (J.-A.), 3-4, place Wilson, Villeurbanne. — Tél. 24.28.

Pradel fils, 9, place des Terreaux. — Tél. 27.33.

Protat (P.), 15, rue Puits-Gaillot. — Tél. 44-33.

Proton et Cie, 5, place Croix-Paquet. — Tél. 34.57.

Prylll (H.-C.), et Cie, 1, rue Marceau. — Tél. 19.09.

Quantin (B.), 29, rue Royale. — Tél. 23.29.

Quenin et Cartallier, 3, rue de la République. — Tél. 22.01.

Raffard (M.), 17, rue Royale. — Tél. 22.04.

Rajon (A.), 13, rue des Capucins. — Tél. 8.16.

Ranc-Tiburce et Cie, 28, rue Waldeck-Rousseau. — Tél. Vaudrey 22-64.

Ravier (Louis), 5, Grande rue des Feuillants. — Tél. 12.00.

Reboux (Joseph), 2, quai de Retz. — Tél. 13.52.

Recordon, Thomas et Barbier, 13, rue du Griffon. — Tél. 11.68

Regaud (R.), 3, place Croix-Paquet. — Tél. 3.52.

Revel père et fils, 5, rue Pizay. — Tél. 6.02.

Rey (C.), 15, rue Puits-Gaillot. — Tél. 59.04.

Rey (Ph.) et Cie, 4, rue de la République. — Tél. 18.11.

Rey (Pierre), 182, boulevard de la Croix-Rousse.

Riboud frères (Société des Etablissements), 20, rue des Capucins. — Tél. 18.19.

Richard (X.) (Les fils de), 7, rue de l'Ancienne-Préfecture. — Tél. 16-96.

Robert (Léon), 15, rue Constantine. — Tél. 18.81.

Rochas (H.), 12, rue Saint-Polycarpe.

Roche et Cie, 13, rue Tronchet. — Tél. Vaudrey 2.55.

Romain (G.) 13, rue Sainte-Catherine.

Rondelli (M.), 86, avenue Galline, Villeurbanne.

Rosset (A.) (Société anonyme), 9, rue du Griffon. — Tél. 4.58.

Rousseau (Georges), 1, rue Notre-Dame. — Tél. 10.42.

Roussel, Pelletier et Gervesie, 1, rue Puits-Gaillot. — Tél. 2.29.

Royer (A.) et Cie, 9, rue du Bât-d'Argent. — Tél. 26-65.

Sabran et Cie, 1, Grande rue des Feuillants. — Tél. 28.84.

Sarra-Gallet, Olivier et Cie, 31, rue des Capucins. — Tél. 15.79.

Schulz et Cie, 8, rue du Griffon. — Tél. 5.49.

Schwich et Fortoul, 1, Grande rue des Feuillants. — Tél. 8.09.

Serasset-Favier et Cie, 2, rue de la République.

Simon (M.) et Martin (J.), 18, rue Romarin. — Tél. 50.65.

Société anonyme pour la fabrication du velours et de la peluche, 15, quai Saint-Clair. — Tél. 36.08.

Sommet et Damiron, 12, rue Pizay. — Tél. 55.83.

Sonnery-Cousins (Les successeurs de), 6, rue de la République. — Tél. 24.18.

Tapissier frères, 31, rue Puits-Gaillot. — Tél. 12.24.

Tassinari et Chatel, 11, place Croix-Paquet. — Tél. 6.18.

Thevenin (E.), 11, place Croix-Paquet. — Tél. 36.04.

Thiébaut et Bauchu, 2, rue d'Algérie.

Tissages de soieries réunis (Société anonyme des), 125, rue Vendôme. — Tél. Vaudrey 11.25.

Tissages de Vizille (Société anonyme des), 1, rue de la République. — Tél. 43.51.

Tissages de fantaisies (Etablissements Pinton et Vincent), 4, Grande rue des Feuillants. — Tél. 27-71.

Tourres et Margerand, 18, rue de l'Arbre-Sec. — Tél. 22.23.

Traclet (J.), Charlieu (Loire).

Triomphe (P.), 19, rue des Capucins.

Trone (Albert), 1, rue Puits-Gaillot. — Tél. 6.32.

Tronel (F.) et Cie, 5. rue du Griffon. — Tél. 5.62.

Truchot (J.), 20, rue Tronchet, — Tél. Vaudrey 2.72.

Ugnon et Falcot, 5, place Croix-Paquet. Tél. 49.12.

Valansot et Zénone, 69, Grande rue de la Croix-Rousse. — Tél. 40-43.

Valencin et Charpy, 6, place des Terreaux. — Tél. 50-97.

Valette (E.), 34, cours de la République, Villeurbanne.

Van Doren (J.), 9, Petite rue des Feuillants. — Tél. 18.87.

Varenne (George), 2, rue Lafont. — Tél. 45.89.

Varillon et Batayron, 5, place Croix-Paquet. — Tél. 3.84.

Vassoilles (P.) et Cie, 27, rue Puits-Gaillot. — Tél. 38.78.

Vaugeois et Binot, 44, rue Dubois. — Tél. 26-89.

Vautheret, Gros et Laforge, 3, rue du Garet. — Tél. 12.10.

Veil (Mme Vve A.) et fils, 27, rue Romarin. — Tél. 40.51.

Venot (Georges), 5, place Croix-Paquet. — Tél. 57.66.

Verel (J.), 42 bis, rue Colin, Villeurbanne.

Veyre (Mme Vve Paul), 6, Petite rue des Feuillants. — Tél. 34.32.

Vial (A.) et Cie, 16, rue Lafont. — Tél. 12.11.

Villard (A.), 25. rue Tête-d'Or. — Tél. Vaud. 4.26.

Villaret et Morel frères, 18, place Tolozan. — Tél. 23.94.

Volay, Biguet et Cie, 5, rue Sainte-Catherine. — Tél. 56.18.

Waddington (W.), 3, Grande rue des Feuillants. - Tél. 45.62.

Zubler (Mme Vve H.), 18, rue Royale. — Tél. 57-44.

Bayart (Achille et Joseph), 13, boulevard Haussmann.

Bianchini (Maison Bianchini - Férier), 24 bis, avenue de l'Opéra, Paris.

Chatillon, Mouly, Roussel et Cie, 36 bis, avenue de l'Opéra, Paris.

Cornille frères, 21, boulevard Montmartre, Paris.

Coudurier, Fructus et Descher, 17, rue de la Paix, Paris.

Eparvier (H.), Manthes (Drôme).

Godde-Bedin, Mondon et Cie (Les successeurs d'Albert), 27, rue des Jeûneurs, Paris.

Laval (C.) et Cie, 30, rue des Jeûneurs, Paris.

Barret (J.), 43, avenue de l'Opéra, Paris.

Vaugeois et Binot, 15-17, rue Etienne-Marcel, Paris.

---

14. — Union industrielle de Flers et de la région.
à Flers (Orne).

Délégué à l'Union :

M. Maurice Appert, à Flers.

Membres Adhérents :

MM.

Bobot, Descoutures et Cie, à La Ferté-Macé.

Duguey-Liénard et Lebailly, à Flers.

Halbout (Louis) et Cie, à Flers.

Patry (Paul), à Flers.

Société générale des Filatures et Tissages de Flers (Etablissements Duhazé et fils, Frémont et Cie, Maurice Appert réunis).

---

15. — Syndicat parisien des industries textiles.
15, rue du Louvre, Paris.

Bureau :

MM. J. Cartier-Bresson, président honoraire.

F. Poiret, président honoraire.

M. Frings, président honoraire.

Roger Barbet-Massin, président honoraire.

Biosse-Duplan, président.

Jacques Donon, vice-président.

Jean Balsan, secrétaire.

Philippe Roy, trésorier.

Délégués à l'Union :

M. Biosse-Duplan, président, 86, bd Sébastopol, Paris.

MM. R. Barbet-Massin, 5, rue Saint-Fiacre, Paris; Maurice Frings, 131, rue Saint-Denis, Paris; J. Cartier-Bresson, 86, boulevard Sébastopol, Paris; Poiret, 27, boulevard Sébastopol, Paris; J. Donon, 27, rue du Sentier, Paris.

Membres adhérents :

MM.

Ancel-Seitz et fils, Granges (Vosges) et 43, rue de Chateaudun, Paris.

Balsan (Société anonyme des établissements), 21, rue des Bons-Enfants, Paris.

Barbet-Massin, Popelin et Cie, 5 et 7, rue Saint-Fiacre, Paris.

Blondeau (J.), 194, rue Saint-Denis, Paris.

Cornille frères, 21 boulevard Montmartre, Paris.

David (H.) et Cie, 6, rue de la Fontaine, Arcueil (Seine).

David, Maigret et Donon (Caudry), 29, rue du Sentier, Paris.

Deglas (G.) et Cie (Les Successeurs de), 32, rue du Sentier, Paris.

Frings (Maurice) et Cie, 131, rue Saint-Denis, Paris.

Guérin, Bessière, Vandesmet et Cie, 9, rue d'Uzès, Paris.

Grandgeorge et Lings, 131, boulevard Malesherbes, Paris.

Laflèche, frères, 69, rue Réaumur, Paris.

Lagesse, Duquenne et Cie, 6, rue du Sentier, Paris.

Laroche-Lechat, fabricant de courroies, 88-90, rue Delaunoy, Lille (Nord).

Lang (Les Fils d'Emmanuel), 11 bis, rue Bachaumont, Paris.

Hermequin (Ch.) et Cie, 7, rue Paul Lelong, Paris.

Philippe, Viallar et Cie, 21, rue Etienne-Marcel, Paris.

Roy frères, 38, rue des Jeûneurs, Paris.

Sellier-Buxtorf et Cie, 9, rue d'Uzès, Paris.

Seydoux et Cie, 23, rue du Paradis, Paris.

Société française de cotons à coudre, 86, boulevard de Sébastopol, Paris.

Société des teintureries de Saint-Epin, 27, boulevard Sébastopol, Paris.

Suzor (G.) et Pinta (E.), 62, boulevard de Sébastopol, Paris.

Trèves (Ad.) fils, 21, rue du Sentier, Paris.

Manufacture de Senones, 20, rue du Sentier, Paris.

La Textilose, 74, boulevard Haussmann, Paris.

Compagnie française de filature Roumilhac-Figueras et Cie, 223, chemin du Moutredou-Pointe-Rouge, Marseille.

---

16. — Syndicat des fabricants de fils à coudre.
Nouvelle Bourse, Lille (Nord).

Bureau :

M. E. CRESPEL, président, 38, rue Carnot, Lille.

Délégués à l'Union :

MM. E. CRESPEL, président; A. FAUCHILLE, 48, rue de Valenciennes, Lille.

Membres :

MM.

Crespel (A.), 38, boulevard Carnot, Lille.

Crespel (Veuve C.) et fils, 46, rue des Arts, Lille.

Droulers-Vernier, 5, rue du Croquet, Lille.

Filatures et filteries de France, rue de Valenciennes, Lille (comprenant les maisons : Hassebroucq frères (H. et J.), Roger (I.), Lamblin, Poullier-Longhaye, Bucan-Devos, Descamps-Beaucourt.

Vrau (Ph.) et Cie, 11, rue du Pont-Neuf, Lille.

Vaussy et Moisset, Lannoy.

---

17. — Syndicat cotonnier de Bolbec-Lillebonne.
Siège social : Chambre de commerce de Bolbec.

TÉLÉPH. 78 Bolbec.

Bureau :

MM. Edmond LEMAISTRE, président.
André OZANNE, vice-président.
Jacques MANCHON, secrétaire-trésorier.

Délégués :

MM. E. LEMAISTRE, président à Lillebonne (Seine-Inférieure); A. FORTHOMME, vice-président de la Chambre de commerce de Bolbec.

Membres :

MM.

Baudin-Carault, fabrique de tissus, Bolbec. — Tél. 28.

Blanchisserie et teinturerie de Thaon, Gruchet-le-Valasse (Seine-Inférieure). — Tél. 23 Bolbec.

Catherine (Marcel), tissage mécanique, Lanquetot (Seine-Inférieure). — Tél. 44 Bolbec.

Daniel (E.), tissage mécanique, Bolbec.

Société d'impression des Vosges et de Normandie, Bolbec. — Tél. 12.

Debray (Veuve Louis), fabrique de tubes en papier, Bolbec. — Tél. 25.

Desgenetais frères, filature et tissage, Bolbec. — Tél. 6 Bolbec et 8 Lillebonne.

Fauquet-Lemaître, filature et tissage, Bolbec. — Tél. 10.

Forthomme (André), Capelle (Maurice) et Cie, tissage du Vivier. — Tél. 8 Bolbec.

Lemaistre frères et Cie, filature et tissage de coton, Lillebonne. — Tél. 11.

Manchon-Lemaître et Cie, filature et tissage de coton, Bolbec.

Ozanne et Cie, manufacturiers, Gruchet-
le-Valasse (Seine-Inférieure). — Tél. 2
Bolbec.

Schwob frères, manufacturiers, Bolbec.
— Tél. 28.

Société anonyme des anciens établissements Westphalen Lemaître, Lillebonne. — Tél. 4.

Tellow (Tom), rots et lames, Bolbec. —
Tél. 18.

___

**18. Association Syndicale des Tein-
turiers, Apprêteurs et Imprimeurs
d'étoffes de Lyon.**

25, place de la Comédie, Lyon.

TÉLÉPH. 48-84.

___

Bureau :

MM. Cl. BUNAND, président ; de la Maison
Corron et Bunand.

J. NESME, vice-président ; de la
Maison Latruffe et Nesme.

P. MERCIER, secrétaire ; des Etablissement Mercier et Fessy.

J. CHRISTOPHE, trésorier ; de la
Maison J. Christophe et Bertholon.

Délégué à l'Union :

M. Cl. BUNAND, président, 89, rue Magenta, Villeurbanne.

Membres adhérents :
MM.

A. Bussy, 48, quai Pierre-Seize, Lyon.

Chambard, 91, rue Bugeaud, Lyon.

J. Christophe et Bertholon, 59, avenue
Galline, Villeurbanne.

J.-B. Cornu et fils, 64, cours d'Herbouville, Lyon.

Corron et Bunand, 89, rue Magenta,
Villeurbanne.

C. Garnier (Etablissements), 50, rue Boileau, Lyon.

Gillet et fils, 9, quai de Serin, Lyon, et
83, rue Flachet, Villeurbanne.

Latruffe et Nesme, 29, chemin des Pins,
Lyon.

Etablissements Mercier et Fessy, 25,
place de la Comédie, Lyon.

J. Pegout, 39, rue Montgolfier, Lyon.

Etablissements H. Pervillac et Cie, 15,
chemin de la Doua, à Villeurbanne
(Rhône).

P. Picot et fils, chemin de la Rize, à Villeurbanne (Rhône).

Etablissements Reverchon, 43, quai
Pierre-Seize, Lyon.

J. Rivat (Anciens établissements), 123,
rue de Sully, Lyon.

G. Rossignol, 2, place de la Boucle,
Lyon.

Société Lyonnaise de T. I. A. et G, 9,
quai de Retz, Lyon.

Société Nouvelle d'Impression, Apprêt
et Teinture, 89, chemin de Gerland,
Lyon.

Trichard-Fayolle et Cie, 60-61, cours
d'Herbouville, Lyon.

Vulliod-Ancel et Cie, 69, cours de la
République, à Villeurbanne et 11, rue
des Tournelles, Lyon-Montplaisir.

___

**19. — Syndicat
des Filateurs de Schappe
et de Bourrette de France.**

Siège : 1, quai Jules-Courmont, Lyon.

TÉLÉPH. 13.37, 13 61.

___

Bureau :

MM. Alexandre FRANC, président.
Paul QUINSON, vice-président.
René FRANC, secrétaire.
DUFOUR, trésorier.

Délégués :

MM. Alexandre FRANC, président, 1,
quai Jules-Courmont, Lyon ; René FRANC,
1, quai Jules-Courmont, Lyon.

Membres :

Société anonyme de filatures de schappe,
1, quai Jules-Courmont, Lyon. — Tél.
13.37, 13.61.

Société anonyme de filatures de schappe
en Russie, siège : 1, quai Jules-Courmont, Lyon. — Tél. 13.37, 13.61.

Quinson et Garcin, 14, quai Saint-Clair,
Lyon. — Tél. 22-27 (Représentants de
la Société industrielle pour la schappe).

Moncorgé (L.) père et fils, Bourg-de-
Thizy (Rhône). — Tél. Thizy. 19.

Mollard frères, 5, Petite rue des Feuillants, Lyon. — Tél. 3.63 (représentants
de la filature de schappe Ringwald).

Filatures de bourrette et de schappe,
Thizy (Rhône). — Tél. 33.

Filature comtoise de schappe et cordon-
net, Melisey (Haute-Saône). — Tél. 1.
Filature de schappe de Chalcy (Louis
Mondon et Cie), 27, rue des Jeûneurs,
Paris. — Tél. Gutem. 46.06, 46.07.

---

20. Syndicat textile de la vallée d'Andelle.

Siège social : Charleval (Eure).

Téléph. 6.

Bureau :

MM. J. Outhenin-Chalandre, président.
Cheuret, vice-président.
Pierre Morel, secrétaire.

Délégués à l'Union :

MM. Outhenin-Chalandre, à Charleval
(Eure); Pierre Morel, à Fleury-sur-Andelle.

Membres :
MM.
Boulanger (G.), Perriers (Eure). — Tél. 1.
Deglatigny et Carliez, Transières, par
Charleval (Eure). — Tél. 7.
Etablissements de Fleury, 67, place Saint-
Paul, Rouen. — Tél. 851.
Filature et tissage, Fleury-sur-Andelle.
Fleuriel et Becus, Romilly (Eure). — Tél.
6, Pont-Saint-Pierre.
Harel (R.), Perriers (Eure). — Tél. 2.
Le Vavasseur (A. et J.), boulevard des
Belges, Rouen. — Tél. 564.
Liegault (R.), Perriers (Eure). — Tél. 7.
Morel (P.) et Cie, Fleury-sur-Andelle
(Eure). — Tél. 4.
Société anonyme des établissements de
Perruel (Eure). — Tél. 4.

---

21. Union de Teinturiers et Apprêteurs.

18, place du Trichon, Roubaix.

Bureau :

MM. Théodore Hannart, président.
Benoît Roussel, vice-président.
René Derreumaux, secrétaire.
Marcel Rousseau.
Georges Wattel.
P. Michel.
Jacques Guillaumet.

Délégués à l'Union.

MM. Hannart, président, 42, rue des
Champs, Roubaix; Benoist Roussel, 148,
rue de l'Epeûle, Roubaix; G. Drin, 16,
rue de l'Industrie, Courbevoie (Seine);
Le Directeur, 18, place du Trichon,
Roubaix.

Membres :

Tissus, lainages.
MM.
Browaeys de Geyter et fils (Ed.), 23, rue
Saint-Maurice, Roubaix.
Catteau (Georges), 152, rue Pellart, Rou-
baix.
Declercq frères, 111, rue de Lille, Hem
(Nord).
Derreumaux frères et Cie, 45, rue du Til-
leul, Roubaix.
Deschepper (Léon), 13, rue de l'Ermi-
tage, Roubaix.
Dessus et fils, 18, quai du Général-Gal-
liéni, Suresnes.
Drin et fils et Longepied, 16, rue de l'In-
dustrie, Courbevoie.
Dubar (J. et A.), 30, rue du Bois, Rou-
baix.
Les fils de Guillaumet (A.), Chappat et
Cie, 24, quai du Général-Galliéni, Su-
resnes.
Liénart-Walnier (E.), 27, rue Verte, Tour-
coing.
Roussel (Emile) et fils, 148, rue de l'E-
peule, Roubaix.
Roussel-Desrousseaux (Emile) et fils, 48,
rue Watt, Roubaix.
Senneville (A.) et fils, 14, rue Voltaire,
Roubaix.
Société anonyme des établissements P.
Michel et Chappat, 6, rue Fournier,
Clichy.
Société anonyme des établissements Han-
nart frères, Motte et Marquette réunis
(rayon Hannart frères), 53, rue du
Moulin, Roubaix.
Société anonyme des établissements Han-
nart frères, Motte et Marquette réunis
(rayon Motte et Marquette), 94, rue du
Coq-Français, Roubaix.
Wattel-Ferrier et frère (P.), 23, rue Buffon,
Roubaix.

Laine peignée, filée et imprimée.

Burel (G.) et Cie, 45, rue du Moulin,
Roubaix.
Cabaye (J.) et Tiberghien (G.), 6, rue
Menge, Roubaix.

Deschepper (Léon), 50, rue Sébastopol,
Roubaix.

Flament (O.), Hem (Nord).

Liard (Alphonse), 48, rue Saint-Pierre,
Tourcoing.

Liénart-Walnier (E.), 27, rue Verte, Tourcoing.

Masse-Pollet et fils, 47, rue Belle-Vue,
Tourcoing.

Scrépel (Ch. et A.), 10, rue de la Tuile-
rie, Roubaix.

Société anonyme des établissements F.
Masurel frères, 21, rue de Wailly,
Tourcoing.

Société anonyme de teinture et impression (rayon Gaydet), rue Boucher-de-
Perthes, Roubaix; (rayon la Pneuma-
tique-Grulois), 24, boulevard de Mulhouse, Roubaix.

Crémeurs et blanchisseurs de fils.

Blanquart (Léon), Comines (Nord).

Delobelle frères 62, rue de Tourcoing,
Marcq-en-Barœul (Nord).

Fauvergue (D.) et gendre, 38, rue Bayart,
Armentières (Nord).

Lambert frères, Quesnoy - sur - Deûle
(Nord).

Leduc-Guérin, 71, rue Nationale, Armentières (Nord).

Sander (C.), Haubourdin (Nord).

Sander (C.), 36, avenue de Dunkerque,
Canteleu (Nord).

Société anonyme des anciens établissements Gagedois, 35, rue de la Deûle,
Haubourdin (Nord).

Vandewynckèle (J.) et fils, Armentières
(Nord).

Vandewynckèle père et fils, 103, rue de
Lille, Halluin (Nord).

Verhaeghe-Vandewynckèle (H.), Halluin
(Nord).

Blanchisseurs et apprêteurs de toiles.

Barbry (veuve), Steenwerck (Nord).

Barbry (Henri et Georges), Sailly-sur-la-
Lys (Pas-de-Calais).

Barbry frères, Steenwerck (Nord).

Barbry-Wattel (D.), Sailly-sur-la-Lys
(Pas-de-Calais).

Dewelne fils, 12, rue du Becquerel, Fives-Lille (Nord).

Fauvergue (D.) et gendre, 38, rue Bayart,
Armentières (Nord).

Lambert frères, Fretin (Nord).

Sander (C.), Haubourdin (Nord).

Sander (C.), 36, avenue de Dunkerque
Canteleu (Nord).

Société anonyme des anciens établissements Gagedois, 35, rue de la Deûle,
Haubourdin (Nord).

Verhaeghe-Vandewynckèle (H.), Halluin
(Nord).

Wicquart (veuve), Frelinghien (Nord).

Union de teinturiers en tissus de pur coton.

12, boulevard Poissonnière, Paris.

Bureau :

MM. LEDERLIN (Paul), président.
NORTH, vice-président.
PACCARD, secrétaire.
ULLARD.
MEHLE.
BUISSON.
MERCIER.
Directeur.

Membres :

Tissus de coton (doublure).

MM.

Blanchisserie et teinturerie de Thaon.
Thaon (Vosges).

Blanchisserie et teinturerie de Thaon.
Usine de Saint-Julien (Aube).

Blanchisserie et teinturerie de Thaon.
Usine de Saint- Etienne - Remiremont
(Vosges).

Blanchisserie et teinturerie de Thaon.
Usine de Villefranche - sur - Saône
(Rhône).

Blanchisserie et teinturerie de Thaon.
Usine de La Courneuve (Seine).

Blanchisserie et teinturerie de Thaon.
Usine de Gisors (Eure).

Blanchisserie et teinturerie de Thaon.
Usine de N.-D. de Bondeville (Seine-
Inférieure).

David (Veuve H.) et Cie, Arcueil (Seine).

Ecorcheville (M.), Arcueil (Seine).

Louppe (A.) et ses fils, Darnetal (Seine-
Inférieure).

Martin (Louis), Bourg de Thizy (Rhône).

Schaeffer et Cie, Pfastatt-le-Château
(Haut-Rhin).

Société anonyme des établissements Lecomte et Depres, 151, rue de Beaumont, Roubaix.

Société anonyme de teinture, impression
et apprêts, Thizy (Rhône).

Société anonyme (des teintures), apprêts et

impressions du Nord, 76, boulevard de Belfort, Roubaix.

Sharp et Sons (S.-H.), Kingersheim (Haut-Rhin).

Union d'imprimeurs en impressions (doublure).

Blanchisserie et teinturerie de Thaon, Thaon (Vosges).

Blanchisserie et teinturerie de Thaon. Usine de Saint-Julien (Aube).

Blanchisserie et teinturerie de Thaon. Usine de Villefranche - sur - Saône (Rhône).

Schaeffer et Cie, Pfastatt-le-Château (Haut-Rhin).

Union de blanchisseurs de tissus de coton.

Bureau :

MM. LEDERLIN, président.
DE PLACE, vice-président.
HERSCHER, vice-président.
PACCARD, secrétaire.
Directeur.

Membres :

MM.

Blanchisserie et teinturerie de Thaon, Thaon (Vosges).

Blanchisserie et teinturerie de Thaon. Usine de Gisors (Eure).

Blanchisserie et teinturerie de Thaon. Usine de N.-D. de Bondeville (Seine-Inférieure).

Blanchisserie et teinturerie de Cambrai, Cambrai (Nord).

Blanchisserie et teinturerie de Saint-Quentin, Saint-Quentin (Aisne).

Fouillat, Fillion et Cie, Saint-Quentin (Aisne).

Sharp et Sons (S.-H.), Kingersheim (Haut-Rhin).

Société anonyme des anciens établissements Gagedois, 35, rue de la Deûle, Haubourdin (Nord).

Société anonyme des blanchiments d'Alsace (usine du Breuil), Saint-Amarin (Haut-Rhin).

Société anonyme des blanchiments d'Alsace. Usine de la Mer rouge, Mulhouse-Dornach (Haut-Rhin).

Société anonyme des blanchiments d'Alsace. Usine de Vieux-Thann (Haut-Rhin).

Union de teinturiers et apprêteurs sur tissus de coton fantaisie.

Bureau :

MM. Paul LEDERLIN, président.
Jacques GUILLAUMET, vice-président.
NORTH (A.), vice-président.
Paul PACCARD, secrétaire.
Directeur.

Membres :

MM.

Blanchisserie et teinturerie de Thaon, Thaon (Vosges).

Blanchisserie et teinturerie de Thaon. Usine de Gisors (Eure).

Blanchisserie et teinturerie de Thaon. Usine de Saint-Julien (Aube).

Blanchisserie et teinturerie de Thaon. Usine de Saint-Étienne, Remiremont (Vosges).

Blanchisserie et teinturerie de Thaon. Usine de Villefranche - sur - Saône (Rhône).

Les fils de A. Guillaumet, Chappat et Cie, 24, quai du Général-Galliéni, Suresnes (Seine).

Roussel (Émile) et fils, 148, rue de l'Epeule, Roubaix.

Sharp et Sons (S.-H.), Kingersheim (Haut-Rhin).

Schaeffer et Cie, Pfastatt - le - Château (Haut-Rhin).

Société anonyme. Blanchisserie et teinturerie de l'ile Saint-Denis, 33, quai de Seine, ile Saint-Denis (Seine).

Société anonyme des anciens établissements Ménager et Colin-Chambaut, 37, quai National, Puteaux (Seine).

Société anonyme des établissements P. Michel et Chappat, 6, rue Fournier, Clichy (Seine).

Société anonyme des établissements Lecomte et Déprès, 151, rue de Beaumont-Roubaix.

Société anonyme des blanchiments d'Alsace (usine du Breuil), Saint-Amarin (Haut-Rhin).

Société anonyme des blanchiments d'Alsace. Usine de la Mer rouge. Mulhouse-Dornach (Haut-Rhin).

Société anonyme des blanchiments d'Alsace. Usine de Vieux-Thann (Haut-Rhin).

Société anonyme des teintures, apprêts et impressions du Nord, 76, boulevard de Belfort, Roubaix.

Wattel-Ferrier et frère (P.), 23, rue Buffon, Roubaix.

Union de teinturiers et apprêteurs sur tissus de laine de la région alsacienne

90, rue Clémenceau, à Sainte-Marie-aux-Mines (Haut-Rhin).

Bureau :

MM. F. ZURCHER, président.
L. BAUMGARTNER, vice-président.
J. LACOUR.
Directeur.

Membres :
MM.
Baumgartner (A.) et Cie, Sainte-Marie-aux-Mines (Haut-Rhin).
Berret (A.) et Cie, Sainte-Marie-aux-Mines (Haut-Rhin).
Blanchiment, teinture et apprêts (Haguenau (Bas-Rhin).
Diehl et Cie, Sainte-Marie-aux-Mines (Haut-Rhin).
Lacour (J.-B.) et Cie, Sainte-Marie-aux-Mines (Haut-Rhin).
Teinturerie Colmarienne (S.-A.), Colmar (Haut-Rhin).

22. — Chambre Syndicale Patronale Textile du Centre de Lavelanet.

rue de la Fédération, Lavelanet (Ariège).

Bureau :

MM. Antonin ESCOLIER, président;
Etienne RICALENS, vice-président;
Marius FAUCHÉ, trésorier;
Julien DUKACINSKI, secrétaire.

Délégués :

MM. A. ESCOLIER, président;
V. DUMONS, industriel.

Membres :

Baya (Louis), Lavelanet (Ariège).
Dukacinski frères, Lavelanet (Ariège).
Dumons frères, Lavelanet (Ariège). — Tél. 22.
Escolier et Diant, Lavelanet, (Ariège). — Tél. 21.
Fonquernier (Léon), Laroque d'Olmes, Lavenet, (Ariège). — Tél. 6.
Ricalens fils, Larroque d'Olmes (Ariège). Tél. 7.

Roques, Jean-Baptiste, Lavelanet (Ariège). — Tél. 10,
Société La Ruche, Lavelanet (Ariège).

23. Chambre syndicale des batistes et toiles fines.

8, rue Montesquieu, Paris.

Bureau :

MM. Paul KEMPF, président.
C. DUBOIS, vice-président.
DELAME, vice-président.
E. LUSSIGNY, vice-président, trésorier.
P. MÉNARD, secrétaire.

Délégués :

MM. P. KEMPF, président, 36, rue des Jeûneurs, Paris ;
LUSSIGNY, 12, rue St-Fiacre, Paris.

Membres adhérents :
MM.
Berteville (G. et M.), 15, rue Marsollier, Paris.
Blanchisserie et teinturerie de Cambrai A. Bertrand et R. Herscher, administrateurs-délégués, Cambrai.
Bricout et Nardeau, 3, rue d'Uzès, Paris.
Carlier-Hollande et Cie, Valenciennes.
Delame-Lelièvre fils, 20, rue Saint-Fiacre, Paris.
Dubois et Cie, rue Watteau, Valenciennes.
Kempf frères, 36, rue des Jeûneurs, Paris.
Lussigny (E.), 12, rue Saint-Fiacre, Paris.
Mascré (E.), 23, boulevard Poissonnière, Paris.
Menard et fils, 3, rue du Sentier, Paris.
Mineur, imprimeur, faubourg de Paris, Valenciennes.
Salomon, 8, rue d'Uzès, Paris.
Simonnot-Godard (Etablissements), 33, rue du Sentier, Paris.
Weil (E.), imprimeur, Courbevoie.
Weil (E. et J.), imprimeur, Valenciennes.

24. Syndicat général de l'industrie cotonnière française.

141, rue de Valois, Paris.

Bureau :

MM. J. MÉLINE, président d'honneur.
René LAEDERICH, président.
Ch. FLIPO, M. LEMARCHAND, H. MANUEL, P. SCHLUMBERGER, Henry WALLAERT, vice-présidents.

Roger BARBET-MASSIN, trésorier.
ANGLIVIEL DE LA BEAUMELLE, directeur.

Délégués à l'Union :

MM. LAEDERICH (R.), 25, rue Barbet-de-Jouy, Paris; ANGLIVIEL DE LA BEAUMELLE, directeur, 41, rue de Valois, Paris.

Groupements adhérents au Syndicat général de l'industrie cotonnière française :

Syndicat des filateurs de l'Est.
Syndicat des tisseurs de l'Est.
Chambre syndicale des industries textiles du territoire de Belfort et régions limitrophes.
Syndicat industriel alsacien.
Syndicat des filateurs et retordeurs de coton de Lille.
Syndicat des filateurs de coton de Roubaix-Tourcoing.
Syndicat normand de la filature de coton.
Syndicat normand du tissage de coton.
Syndicat picard des industries textiles.

Industriels isolés.

Filateurs.

MM.
Bullot (Veuve E.), Corbie (Somme).
Cotonnière d'Armentières (La), Armentières.
Dupont (Jean), Troyes (Aube).
Etablissements Hochtrasser et Keller (anciens), Dufour successeur, Marles (Aisne).
Finet (Louis), Troyes (Aube).
Filature de la Gosse, Epinal (Vosges).
Gilbert fils, Brouin-par-Sourdeval (Manche).
Marduel frères et Polol, Villefranche (Rhône).
Raguet fils et R. Vignes (filature de Lenclos), Troyes (Aube).
Société anonyme des filatures d'Auschyles-Hesdins, 22, rue du Château, Roubaix.
Société des établissements Georges Koechlin, Belfort.
Société française des cotons à coudre, 86, boulevard Sébastopol, Paris.
Société de la filature des Mousses, Le Val d'Ajol (Vosges).
Société troyenne de filature, Troyes (Aube).
Touron (E.), Saint-Quentin (Aisne).

Touron et fils, Troyes (Aube).
Zuppinger (A.), La Bussière-près-Guise (Aisne).
Zuppinger (O.), Nay (Basses-Pyrénées).

Filateurs-tisseurs.

Dussert (Aug.), Cours (Rhône).
Fessel (H.) et Cie, Amplepuis (Rhône).
Manufacture d'Annecy, Annecy (Haute-Savoie).
Moritz et Cie, Ourscamp (Oise) et 23 boulevard Malesherbes, Paris.
Poizat frères, Cours (Rhône).
Société des anciens établissements Dolfus et Cie, Belfort.

Tisseurs.

Cotonnière de Saint-Quentin (La), Saint-Quentin.
Denis (G.) et fils, Fontaine-Daniel (Mayenne).
Etablissements David et Maigret, tissage de Tarare, 29, rue du Sentier, Paris.
Forthomme, Capelle et Cie, Bolbec (Seine-Inférieure).

---

26. — Syndicat des Filateurs de la région de Fourmies.

22, rue Constantine, à Fourmies.

Comité :

MM. Paul MARIAGE, président.
Georges BERNIER, vice-président.
Charles PETIT, vice-président.
Eugène DROULERS, secrétaire.
Louis LEGRAND, trésorier.

Délégués à l'Union :

MM. Paul MARIAGE, président, 63, Avenue Victor-Emmanuel III, Paris; H. BOUSSUS, 107, rue de Sèvres, Paris; DOYEN, industriel à Mondrepuis (Aisne).

Membres :

MM.

Bouret (Albert), Fourmies.
Boussus (Emile), Wignehies.
Bulteau, Wignehies.
Doyen, Mondrepuis (Aisne).
Sergent, Glageon.

Établissements faisant partie du Syndicat.

Anorelles, Anor. — Tél. 10.
Bernier (Léon et Georges), Fourmies. — Tél. 47,106.
Bernier (René), Fourmies. — Tél. 63.
Bulteau (G.), Wignehies. — Tél. 8.
Caigniet et Cie, Fourmies. — Tél. 122.
Dégousée et Cie, Ohain.—Tél. 24 (Trélon).
Doyen et Cie, Mondrepuis (Aisne).
Ducornet et Cie, Poix-du-Nord. — Tél. 9.
Ducornet (Aug.), Paris, 46, rue des Petites-Ecuries. — Tél. Bergère 36-51.
Droulers frères, Fourmies. — Tél. 18.
Falleur (Achille) et Cie, Trélon.—Tél. 11.
Flament (Charles) et Cie, Anor. — Tél. 14, et Paris, 8 *bis*, cité Trévise. — Tél. cent. 06.01.
Flament (Tell) (Motte et Perisse), Fourmies. — Tél. 76.
Hubinet (Louis). Glageon. — Tél. 7, et les Enfants de Louis Hubinet, Glageon. — Tél. 5.
Jourdain et Cie, Wignehies. — Tél. 21, et Paris, 42, rue de Paradis. — Tél. Louvre 0.40.
Lefour frères (anciens établissements), Avesnes. — Tél. 10.
Legrand (Edgard) et Cie, Fourmies. — Tél. 26.
Mariage, Morand et Cie, Fourmies. — Tél. 20.
Petit (Charles) et Cie, Fourmies. — Tél. 37.
Poreaux (J.-B.) et Cie, Fourmies. — Tél. 52.
Seydoux et Cie, Le Cateau. — Tél. 28, et Paris. — Tél. cent. 58.84.
Trélonnaise, Trélon. — Tél. 5.

Société des filatures de laine peignée de la région de Fourmies.

Siège social : 22, rue Sencier, à Fourmies. — Tél. 104.105.
Administration centrale : 63, avenue Victor-Emmanuel III, Paris.
Groupes d'usines : à Fourmies, Wignehies, Glageon, Sains. Avesnes, Avesnelles, La Capelle (Aisne), Paris. Tél. Elysées 59.73.
Marche et Levasseur (anciens établissements), Fourmies. — Tél. 44.
Droulers frères et Cie (peigneurs), Fourmies. — Tél. 18.

27. — Syndicat des fabricants de tissus de Roubaix-Tourcoing.

Bourse de Commerce Grand'Place
(entrée : 3, rue de l'Hôtel-de-Ville),
Roubaix.

Téléph. 12-661.

Bureau :

MM. Eugène Mathon, président.
Georges Wattel, vice-président;
Charles Toulemonde; Joseph Wibaux;
Georges Masurel fils; Maurice Glorieux;
Joseph Toulemonde; Alphonse Pollet;
Charles Huet; Henri Prouvost; René
Tiberghien; François Roussel; César
Pollet; Louis Leclercq.

Délégués à l'Union :

MM. E. Mathon, 114, boulevard d'Armentières, Roubaix; Maurice Glorieux, 35, rue de la Gare, Roubaix; Joseph Toulemonde, 30, rue du Pays, Roubaix; Georges Masurel, trésorier, 19, rue du Grand-Chemin, Roubaix; A. Damez, secrétaire de la Fédération industrielle et commerciale, 53, rue de Châteaudun, Paris; J. Delerue, secrétaire du syndicat des fabricants de Roubaix-Tourcoing, 3, rue de l'Hôtel-de-Ville, Roubaix.

Membres :

Bayart (Achille) et fils, 9, Grande-Rue, Roubaix. — Tél. 964.
Betz (J.) et Cie, 5, rue du Pays, Roubaix. — Tél. 439.
Boutemy (L. et J.), 55, rue de la Fosse-aux-Chênes, Roubaix. — Tél. 575.
Bonnel frères, 20, rue des Lignes, Roubaix.
Boulangé (Henri) et frères, 1, rue Horace-Vernet, Roubaix. — Tél. 404.
Carissimo (F. et H.), 38, rue de la Gare, Roubaix. — Tél. 263.
Cavrois-Mahieu et fils, 97, rue Montgolfier, Roubaix. — Tél. 223.
D'Halluin-Lepers frères, 27, rue de la Fosse-aux-Chênes, Roubaix. — Tél. 80.
Dubar-Delespaul, 26, rue des Lignes, Roubaix. — Tél. 544.
Dubly fils aîné, 20, rue de la Fosse aux Chênes, Roubaix. — Tél. 510.
Delarra (Edmond), 10, rue de la Fosse-aux-Chênes, Roubaix. — Tél. 508.

Delporte frères, 29, rue de la Fosse-aux-Chênes, Roubaix.

Ducatteau et Cie, 27, rue Pellart, Roubaix.

Deldicque (Désiré) et Cie, 44, rue de l'Epine, Tourcoing. — Tél. 437.

Facques (Charles) et fils, 7, rue des Lignes, Roubaix. — Tél. 713.

Fauvarque et Cie, 46, rue Neuve, Roubaix.. — Tél 614.

Ferlie (François) et Cie, 5, rue Bernard-Palissy, Roubaix. — Tél. 417.

Florin (Jules), 513, rue de Lannoy, Roubaix.

Fruy (Henry) et Cie, 14, rue Pauvrée, Roubaix. — Tél. 265.

Frasez (L.) et Cie, 12, rue de la Fosse-aux-Chênes, Roubaix. — Tél. 382.

Fraenckel et Herzog, boulevard de Fourmies, Roubaix.

Glorieux (L.) et fils, 35, rue la Gare, Roubaix. — Tél. 144.

Glorieux (Albert), 21, rue de Soubise, Roubaix. — Tél. 805.

Gutkind frères, 37, rue des Ursulines, Tourcoing. — Tél. 202.

Gutkind (Léonard), 2, rue Sainte-Ursule, Tourcoing. — Tél. 260.

Huet (Charles), 106, boulevard Gambetta, Roubaix. — Tél. 4.

Hennion, 209, boulevard Gambetta, Roubaix. — Tél. 493.

Leclercq-Dupire, 6, rue de l'Hospice, Roubaix. — Tél. 50.

Lepoutre (Auguste) et Cie, 33, rue des Lignes, Roubaix. — Tél. 38.

Leclercq et Blas aîné, 5, rue de Baval, Roubaix. — Tél. 307.

Levallois et Cie, 31, rue Pellart, Roubaix. — Tél. 1077.

Lemaire et Bride, 19, rue de la Mackellerie, Roubaix. — Tél. 334.

Leblanc (A.-R.), 28, rue Colbert, Roubaix.

Masurel-Leclercq (G.) et fils, 19, rue du Grand-Chemin. Roubaix. — Tél. 201.

Mathon (E.) et Dubrulle fils, 306, boulevard Gambetta, Tourcoing. — Tél. 63.

Motte-Bossut fils, 58, boulevard Gambetta, Roubaix. — Tél. 49.

Motte (les fils d'Alfred), 20, rue Molière, Roubaix. — Tél. 852.

Manufacture de draperies de Roncq, 47, rue du Conditionnement, Tourcoing. — Tél. 177.

Muteau (E.) et fils, 124, rue du Grand-Chemin, Roubaix. — Tél. 916.

Noblet (A.) et fils, 29, rue de la Gare, Roubaix. — Tél. 625.

Pollet (Alphonse), 66, rue de Bradford, Tourcoing. — Tél. 15.

Pollet (César et Joseph), 34, rue Nain, Roubaix. — Tél. 117.

Prouvost (Henri), 22, rue de la Fosse-aux-Chênes, Roubaix. — Tél. 662.

Poissonnier-Duhamel, 11, rue des Lignes, Roubaix.

Richardson (G.-W.) et Cie, 129, rue de Tourcoing, Roubaix. — Tél. 25.

Roussel (François) père et fils, 52, rue Nain, Roubaix. — Tél. 509.

Roussel-Mullie, 92, rue de l'Amiral-Courbet, Tourcoing. — Tél. 179.

Société roubaisienne des tissus de laine, 92, rue de la Gare, Roubaix. — Tél. 150.

Société anonyme de l'Alma, 134, rue du Grand-Chemin, Roubaix. — Tél. 753.

Société anonyme « Le Réveil », 51, Grande-Rue, Roubaix.

Sion (Paul et Jules), 113, rue de la Gare, Roubaix. — Tél. 159.

Ternynck frères, 74, rue de la Fosse-aux-Chênes, Roubaix. — Tél. 502.

Ternynck (Henry) et fils, 50, rue de la Gare, Roubaix. — Tél. 160.

Tiberghien (Charles) et fils, 105, rue de Lille, Tourcoing. — Tél. 31.

Tiberghien frères, 94, rue de Paris, Tourcoing. — Tél. 55.

Toulemonde-Destombe, 30, rue du Pays, Roubaix. — Tél. 206.

Toulemonde (E.-P. et Ch.), 361, boulevard Gambetta, Tourcoing. — Tél. 69.

Truffaut (Emile), 32, rue du Grand-Chemin, Roubaix. — Tél. 906.

Roussel (Valentin) fils, 45, place Thiers, Tourcoing. — Tél. 64.

Vernier (Alphonse) et fils, 17, rue du Pays, Roubaix. — Tél. 158.

Vernier-Leurent, 25, rue de la Fosse-aux-Chênes, Roubaix. — Tél. 157.

Vienne (Jules), 83, rue des Carliers, Tourcoing. — Tél. 313.

Watine-Dazin (Léon), 16, rue du Grand-Chemin, Roubaix — Tél. 920.

Wattel (Florimond), 17, rue du Moulin, Roubaix. — Tél. 245.

Wibaux-Florin, 47, rue de la Fosse-aux-Chênes, Roubaix. — Tél. 27.

Willems (Louis), 16, rue de l'Hospice, Roubaix. — Tél. 143.

Willot et Cie, 196, boulevard Gambetta, Roubaix. — Tél. 138.

Therin et Cie, 21, rue Fosse-aux-Chênes, Roubaix. — Tél. 516.

Lestienne et Cie, 20, rue Fosse-aux-Chênes, Roubaix.

------

28. — Syndicat des fabricants de batiste et linon du Cambrésis.

Saint-Hilaire-les-Cambrai (Nord).

TÉLÉPH. 5.

Bureau :

MM. A. BRICOUT, président.
C. BÉRA, vice-président.
F. HERBIN, secrétaire.

Délégués auprès de l'Union :

MM. A. BRICOUT, président, rue Saint-Georges, Cambrai (Nord); AUBLIN-GLACET, 17, rue des Jeûneurs, Paris.

Membres :
MM.
Aublin-Glacet, Saint-Hilaire-les-Cambrai (Nord). — Tél. 2.
Basquin (Louis), Avesnes-les-Aubert (Nord).
Béra (C.), Haspres (Nord). — Tél. 2.
Bricout (A.), rue de Belfort, Cambrai (Nord). — Tél. 122.
Cacheux-Sellier, Haspres (Nord).
Capliez, Hervin et fils, Avesnes-les-Aubert (Nord).
Dherbécourt et Hopsomer, Carnières (Nord).
Derval, rue Lévêque, 11, Cambrai. — Tél. 11.
Cernez (Les fils) réunis, Avesnes-les-Aubert (Nord). — Tél. 9.
Goffart (André), Avesnes-les-Aubert (Nord).
Herbin fils et Trudelle, rue du Petit-Séminaire, Cambrai. — Tél. 331.
Herbin-Ghieune (Les fils), Avesnes-les-Aubert. — Tél. 1.
Ledieu-Sautière fils, Saint-Hilaire-les-Cambrai (Nord).
Lefebvre-Béquinot et fils, Haspres (Nord).
Leprette (Arthur), Avesnes-les-Aubert (Nord).
Longrand frères, Saint-Vaast (Nord).
Maillard-Morcau, Avesnes-les-Aubert. — Tél. 12.

Margerin (François), Saint-Hilaire-les-Cambrai. — Tél. 5.
Ménard (Gustave) et fils, rue de l'Abbaye, Solesmes (Nord).
Millet (Henri), Saint-Hilaire-les-Cambrai (Nord). — Tél. 7.
Moniseaux (Alfred), Avesnes-les-Aubert (Nord).
Petit - Cyriaque, Avesnes - les - Aubert (Nord).
Stiévenart-Moniez, Avesnes-les-Aubert (Nord).
Vérin (L. et F.), Haspres (Nord). — Tél. 3.

------

29. — Syndicat général de la corderie et de la ficellerie mécanique de France.

30, boulevard de Strasbourg, Paris.

Bureau :

MM. J. BOSCH-STEIN, président.
A. DUBOUL et R. DE WARU, vice-présidents.
P. PORTEU, secrétaire.
E. DICKSON, trésorier.

Délégués à l'Union :

MM. J. BOSCH-STEIN, président à Danjoutin-Belfort.
J. BESSONNEAU, à Angers.

Membres :
MM.
Acher, Duhamel et Gournay, manufacture de cordages, Grand quai, Fécamp (Seine-Inférieure).
Bardou, Savard et Cie, 12, boulevard Sébastopol, Paris (1er arr.).
Bataille fils, corderie, Dunkerque (Nord).
Cousin frères, Comines (Nord).
Delahaye-Bougère fils, manufacturier, Angers (Maine-et-Loire).
Delhomme (A.), corderie, Paimbœuf (Loire-Inférieure).
Delos, Forge et Bury (A.), filature et corderie, Marcq-en-Barœul (Nord).
Dickson, Walrave et Cie, 48, rue de la Chapelle, Paris (18e arr.).
Duboul (A.), filature et corderie, Mazargues-Marseille (Bouches-du-Rhône).
Filature française de chanvres et d'étoupes, Gravelines (Nord).

Filature de chanvre de Dunkerque à Coudekerque-Branche (Nord).

Filature et corderie de la Gironde, 239, rue du Jardin Public, Bordeaux et 33, rue de Châteaudun, Paris.

Filature mâconnaise, route de Paris, Mâcon.

Frémicourt, 1. rue du Célibat, Berck-sur-Mer (Pas-de-Calais).

Fromager (Jules), corderie, Yvetot (Seine-Inférieure).

Gaillard-Stievenant, câblerie, Lens (Pas-de-Calais).

Godet (R.), corderies de la Seine, Le Hàvre (Seine-Inférieure).

Guérin et Vallée, 31, rue de la Ferronnerie, Paris (1er arr.).

Guilbert frères, 191, quai Valmy, Paris (10e arr.).

Hambis (L.), filature de chanvre, Ligugé (Vienne).

Janvier (A.), filature de chanvre, au Mans (Sarthe).

Laurent frères, corderie à Blanc-Misseron (Nord).

Leduc-Ladevèze, filature, Champagné, par St.-Mars-la-Brière (Sarthe).

Lefebvre (Gaston), corderie, Rouen (Seine-Inférieure).

Piquet-Duc, 11, rue du Regard (Paris).

Porteu (P. et Cie), filature, Rennes (Ille-et-Vilaine).

Papin, chanvres, Angers (Maine-et-Loire).

Pilmis (H), 23, rue des Lombards, Paris.

Rothier (G.), corderie de l'Est à Troyes (Aube).

Stein et Cie, Danjoutin-Belfort (territoire de Belfort).

Société des filatures, corderies et tissages d'Angers à Angers (Maine-et-Loire).

Vasse (Ernest), fils, 234, rue de la Vallée, Graville-Sainte-Honorine (Seine-Inférieure).

---

30. — Union des Filateurs de laine et coton cardés de la région du Nord.

34, rue Pellart, Roubaix.

Bureau et délégués :

MM. Joseph DILLIES, président, 34, rue des Filatures, Roubaix.
Joseph NOYELLE, secrétaire.

Membres adhérents :

MM.

Bastin (Pierre), 163, boulevard d'Armentières, Roubaix. — Tél. 1.07.

Brierre (Jules), 61, rue Brame, Roubaix. — Tél. 5.23.

Brierre (Alphonse), 61, rue Brame, Roubaix. — Tél. 5.23.

Dassonville (Léon), 20. rue du Virolois, Tourcoing. — Tél. 1.78.

Dassonville (Pierre), 20, rue du Virolois, Tourcoing. — Tel. 1.78.

Dassonville (André), 20, rue du Virolois, Tourcoing. — Tél. 1.78.

Destombes (Auguste), 397, rue dé Gand, Tourcoing. — Tél. 2.48.

Dillies (François), 34, rue des Filatures, Roubaix. — Tél. 3.10.

Dillies (Joseph), 34, rue des Filatures, Roubaix. — Tél. 3.10.

Duprez (Louis). 82, rue des Piats, Tourcoing. — Tél. 52.

Duprez (Edouard), 82, rue des Piats. Tourcoing. — Tél. 52.

Duprez (Henri), 82, rue des Piats, Tourcoing. — Tél. 52.

Dubois (Joseph), 65, rue du Grand-Chemin, Roubaix. — Tél. 7.47.

Ernoult (Jules), 65, rue du Grand-Chemin, Roubaix. — Tél. 7.47.

Forest, 47, rue de Beaumont, Roubaix. — Tél. 3.21.

Fallot (Robert, 149, rue Winocq-Chocqueel, Tourcoing. — Tél. 1.11.

Follat (Pierre), 149, rue Winocq-Choc. queel, Tourcoing. — Tél. 1.11.

Hannart (Fernand), 1, rue de Bapaume, Tourcoing. — Tél. 1.22.

Lefebvre (Maurice), 165, boulevard d'Armentières, Roubaix. — Tél. 1.07.

Lesouël, 47, rue de Beaumont, Roubaix. — Tél. 3.21.

Lejeune (Léon), 17, rue Pasteur, Wasquehal. — Tél. 6.56.

Lemaire (Louis), 34, rue des Filatures, Roubaix. — Tél. 3.10.

Lemaire (Alphonse), 34, rue des Filatures, Roubaix. — Tél. 3.10.

Lemaire (Henri), 34, rue des Filatures, Roubaix. — Tél. 3.10.

Lemaire (Léon), 34, rue des Filatures, Roubaix. — Tél. 3.10.

Lemaire (Pierre), 34, rue des Filatures, Roubaix. — Tél. 3 10.

Marquette (Georges), 1, rue de Bapaume, Tourcoing. — Tél. 1.22.

Motte (Georges), 58, boulevard Gambetta, Roubaix. — Tél. 49,

Motte (Paul), 58, boulevard Gambetta. Roubaix. — Tél. 49.

Motte (Gabriel), 58, boulevard Gambetta, Roubaix. — Tél. 49.

Motte (Gaston), 58, boulevard Gambetta, Roubaix. — Tél. 49.

Motte (Edouard) fils, 58, boulevard Gambetta, Roubaix. — Tél. 49.

Motte (Eugène), 1, rue de Bapaume, Tourcoing. — Tél. 1.22.

Motte (Jacques), 449 bis, Grande-Rue, Roubaix. — Tél. 6.

Motte (Etienne), 449 bis, Grande-Rue, Roubaix. — Tél. 6.

Mouton (Julien), 397, rue de Gand, Tourcoing. — Tél. 2.43.

Pollet (Alphonse), 96, rue de Bradford, Tourcoing. — Tél. 15.

Prouvost (Amédée), 47, rue de Beaumont, Roubaix. — Tél. 3.21.

Richardson (Georges), 129, rue de Tourcoing, — Tél. 25.

Richardson (Frédéric), 129, rue de Tourcoing, Roubaix. — Tél. 25.

Richardson (Alphonse), 129, rue de Tourcoing, Roubaix. — Tél. 25.

Valentin (Victor), place Thiers, Tourcoing. — Tél. 64.

Valentin (Charles), place Thiers, Tourcoing. — Tél. 64.

Valentin (René), place Thiers, Tourcoing. — Tél. 64.

Wibaux (Bonami), au Breucq (Croix-Nord). — Tél. 8.10.

Wibaux (Maurice), au Breucq (Croix-Nord). — Tél. 8.10.

Watine (Joseph), 65, rue d'Amsterdam, Tourcoing. — Tél. 4.23.

---

31. Syndicat de l'industrie textile rémoise.

Bourse du Commerce, 30, rue Cérès, Reims.

Bureau :

MM. LELARGE, président.

Léon HARMEL, vice-président.

Fernand RENARD, secrétaire.

Henri NOIROT, trésorier.

Maurice HOLLANDE, secrétaire.

Délégués à l'Union :

MM. P. LELARGE, président, 16, boulevard Lundy, Reims;

Ed. BENOIST, rue Hincmar, Reims;

HOLLANDE, 30, rue Cérès, Reims.

Membres adhérents :

MM.

Benoist et Cie, rue du Barbâtre, Reims.

Benoist (Ed.), rue Hincmar, Reims.

Collet (L. et H.), boulevard Saint-Marceaux, Reims.

Détré, Ferté-sur-Chiers.

Harmel frères, Warmeriville.

Herlem (Veuve) et fils, Pontfaverger.

Société anonyme du peignage de Reims, 15, boulevard Dauphinot, Reims.

Lainé (Gaston), 14, rue Bachaumont, Paris.

Lefèvre et Vasseur, 108, rue de Strasbourg.

Lelarge et Cie, boulevard Saint-Marceaux, Reims.

Martin (Edgard), Rethel.

Masson (Lucien), rue Lesage, Reims.

Nouvion-Jacquet et Princiaux, Pontfaverger.

Oudin frères, Bétheniville.

Paindavoine, rue Gosset prolongée, Reims.

Paté (Edgard), Neuflize.

Poullot et Cie, Elbeuf.

Rachel (Veuve), Saint-Masmes.

Routhier (Veuve) et Levarlet, Saint-Brice.

Sacy et fils, 34, rue des Moulins, Reims.

Simonnet (Camille) et fils, Warmeriville.

Société des déchets de la fabrique de Reims, rue du Jard, Reims.

Tamboise, 10, rue des Jeûneurs, Paris.

Voos (Iwan), rue Vernouillet, Reims.

Walbaum et Cie, boulevard Saint-Marceaux, Reims.

---

32. — Syndicat des peigneurs de laines de Croix-Roubaix-Tourcoing.

34, rue Pellart, Roubaix.

Bureau :

MM. Albert PROUVOST, président.

Eugène MOTTE fils, vice-président.

Paul FATUS, vice-président-trésorier

Alfred LAMON fils, secrétaire.

Joseph NOYELLE, délégué.

Délégués à l'Union :

A. Prouvost, président, rue du Collège, Tourcoing ; J. Noyelle, 34, rue Peilart, Roubaix.

Membres adhérents :
MM.

Craveri (Annibal), rue d'Avelghem, 68, Roubaix. — Tél. 0.81.

Crothers (Norman), Croix (Nord). — Tél. 6.11.

Caulliez (Maurice), rue du Dragon, 15, Tourcoing.— Tél. 0.30 et 8.66.

Caulliez (Maurice) fils, rue du Dragon, 15, Tourcoing. — Tél. 30 et 8.66.

Duhamel (Elysée), Grande-Rue, 152, Roubaix. — Tél. 0.17 et 12.89.

Delvas (René), Grande-Rue, 152, Roubaix. — Tél. 0.17 et 12.89.

Delaoutre (Achille), rue du Dragon, 15, Tourcoing. — Tél. 0.30 et 8.66.

Delaoutre (Alexandre), rue du Dragon, 15, Tourcoing. — Tél. 0.30 et 8.66.

Faulkner (Argus), Croix (Nord). — Tél. 6.11.

Fatus (Paul), rue de Roubaix, 157, Tourcoing. — Tél. 0.27.

Foüan (Auguste), rue de Roubaix, 63, Tourcoing. — Tél. 0.29.

Foüan (Georges), rue de Roubaix, 63, Tourcoing. — Tél. 0.29.

Haniez (Adrien), Grande-Rue, 152, Roubaix. — Tél. 0.17 et 12.89.

Lamy (Jules), Roubaix. *Id.*

Lefebvre (Edmond), rue du Collège, 112, Roubaix. — Tél. 0.51 et 6.88.

Lefebvre (Léon), rue du Collège, 112, Roubaix. — Tél. 0.51 et 6.88.

Lamon (Alfred), rue du Sentier, 13, Tourcoing. — Tél. 0.77.

Lamon (Alfred) fils, rue du Sentier, 13, Tourcoing. -- Tél. 0.77.

Meillassoux (Albert), rue d'Avelghem, 68, Roubaix. — Tél. 0.81.

Meillassoux (André), rue d'Avelghem, 68, Roubaix. — Tél. 0.81.

Meillassoux (Edouard), rue d'Avelghem, 68, Roubaix. — Tél. 0.81.

Meillassoux (Emile), rue d'Avelghem, 68, Roubaix. -- Tél. 0.81.

Motte (Eugène), rue d'Avelghem, 68, Roubaix. — Tél. 0.81.

Motte (Eugène) fils, rue d'Avelghem, 68, Roubaix. — Tél. 0.81.

Malard (Albert), rue de Guisnes, 74, Tourcoing. -- Tél. 0.19.

Malard (Georges), rue de Guisnes, 74, Tourcoing. — Tél. 0.19.

Prouvost (Albert), rue du Collège, 112, Roubaix. — Tél. 0.51 et 6.88.

Prouvost (Edouard), rue du Collège, 112, Roubaix. — Tél. 0.51 et 6,88.

Prouvost (Jehan), rue du Collège, 112, Roubaix. — Tél. 0.51 et 6.88.

Prouvost (Robert), rue du Collège, 112, Roubaix. — Tél. 0.51 et 6.88.

Pollet (Pierre), rue de Dunkerque, 129, Tourcoing. — Tél. 0.53.

Pollet (Robert), rue de Dunkerque, 129, Tourcoing. — Tél. 0.53.

Pollet (Maurice), rue de Dunkerque, 129, Tourcoing. — Tél. 0.53.

Pollet (André), rue de Dunkerque, 129, Tourcoing. — Tél. 0.53.

Six (Alphonse), place Thiers, 51, Tourcoing. — Tél. 0.66.

Six (Albert), place Thiers, 51, Tourcoing. — Tél. 0.66.

Six (Paul), place Thiers, 51, Tourcoing. — Tél. 0.66.

Tiberghien (Charles), rue de Lille, 105, Tourcoing. — Tél. 0.31 et 0.75.

Tiberghien (Charles) fils, rue de Lille, 105, Tourcoing. — Tél. 0.31 et 0.75.

Tiberghien (Paul), rue de Lille, 105. Tourcoing. — Tél. 0.31 et 0.75.

Tiberghien (Paul) fils, rue de Lille, 105, Tourcoing. — Tél. 0.31 et 0.75.

Tiberghien-Motte (Louis), rue de Paris, 94, Tourcoing. — Tél. 0.55.

Tiberghien-Flipo (René), rue de Paris, 94, Tourcoing. — Tél. 0.55.

Tiberghien-Caulliez (Louis), rue de Paris, 94, Tourcoing. — Tél. 0.55.

Tiberghien-Breuvart (Emile), rue de Paris, 94, Tourcoing. — Tél. 0.55.

Tiberghien-Pollet (Eugène), rue de Paris, 94, Tourcoing. — Tél. 0.55.

Tiberghien-Pollet (René), rue de Paris, 94, Tourcoing. — Tél. 0.55.

---

33. — Syndicat des Filateurs en Laine Cardée de la Région de Sedan.

Bureau.

MM. C. Jacquemin, président, à Rubécourt.

Cartier-Pouru, vice-président, à Augecourt.

Bonhomme, secrétaire-trésorier, à Balan.

Délégué :

M. C. JACQUEMIN, filateur à Rubécourt (Ardennes).

Membres.

MM.

Marbeuhâne, Filateur, Sainte-Marie-Croiry.

Gérrès et Lombard, Filateur, Hannogne Saint-Martin, Sedan. — Tél. 114.

Hennequart (J.), Filateur, La Claire par Vrique-aux-Bois. — Tél. Bosseval.

Dautel, filateur, Lamécourt.

Pingard (R.), Filateur, Daigny. — Tél. Daigny.

Renaud, Filateur, Matton. — Tél. 3. Matton.

Lion (E.), Filateur, Haybes par Givonne. — Tél. Givonne.

Lescrenier, Filateur, Glaires, Sedan. — Tél. 121.

Ronnet, Filateur, Thélonne, Sedan. — Tél. 4.

Reul frères, Filateurs, Autrecourt.

Lemaire et Dillis, Filateurs, Pont-Maugis, Sedan. — Tél. Sedan.

Nilis, Filateur, Mocry.

Marlat, Filateur, Saint-Albert.

Bloch, Filateur, Carignan. — Tél. Carignan.

Pingard (Ch.), Filateur, Le Warcan par Illy. — Tél. 1.

Varlet, Filature, Remilly. — Tél. Reuilly.

Détré, Filateur, La Ferté. — Tél. Margut.

Sommier, Feutres, Mouzon. — Tél. Mouzon.

---

34. — Chambre syndicale de la teinture, du blanchiment et des apprêts des fils et tissus.

8, rue Montesquieu, Paris.

Bureau et Délégués :

MM. PETITDIDIER, président, 107, rue Lafayette, Paris.

L. GUILLAUMET, vice-président, 24, quai de Suresnes, à Suresnes (Seine).

A. DRIN, vice-président, 16, rue de l'Industrie, à Courbevoie (Seine).

LONGEPIED, secrétaire-trésorier, 226, rue de Charenton, Paris.

Membres :

MM.

Blanchisserie et teinturerie de l'Ile-Saint-Denis, 33, quai de Seine, Ile-Saint-Denis. — Tél. Saint-Denis 312.

Bourdon, frères, 10, rue Constantin, Port-à-l'Anglais.

Bonnette, 33, rue Grange-aux-Belles, Paris. — Tél. 17.33.

Dessus et fils, 18, quai de Suresnes, Suresnes.

Drin (G.) et fils et Longepied, 16, rue de l'Industrie, Courbevoie. — Tél. Courbevoie 19.

Ferret frères et Cie, 5 et 7, impasse Choisel, Saint-Denis. — Tél. Saint-Denis 447.

Guillaumet-Chappat (Les fils de A.) et Cie, 24, quai de Suresnes, Suresnes.

Jeanson (H.), 79, rue des Archives, Paris, — Tél. 91.75. — *130, quai Jemmapes.*

Jeanson (M.) et Cie, 16, rue du Château, Puteaux. — Tél. Puteaux 364.

Longepied (R.) et Cie, 226, rue de Charenton, Paris. — Tél. Roq. 22.86.

Pagniez (L.), 89, rue de Paris, Pantin.

Petitdidier, 34, rue du Port, Saint-Denis. — Tél. Saint-Denis 315.

Société anonyme de teinture et d'apprêts, 131, avenue de Versailles, Paris.

Société anonyme des Anciens Établissements Ménager et Colin-Chambault, 37, quai National, Puteaux. — Tél. Puteaux 13.

Établissements P. Michel-Chappat et Cie, 6, rue Fournier, Clichy. — Tél. Marc. 02.40.

---

35 — Chambre syndicale des Tissus et Matières textiles de Saint-Étienne.

10, rue de la Bourse, Saint-Étienne (Loire).

Bureau.

MM. Louis BERNARD, président.

Joseph GUINARD, vice-président.

J. GAY, trésorier.

Louis CHOMIER, secrétaire.

Irénée ARGOUD, secrétaire archiviste.

Délégués.

MM. Louis BERNARD, 9, place Marengo, Saint-Etienne, président; Joseph GUINARD, vice-président, 6, rue de la Bourse, Saint-Etienne; I. ARGOUD, secrétaire-archiviste.

Membres.

MM.

Abadie (F.), 6, place Jacquard, Saint-Etienne.

Allouat et Varillon, 12, rue de la République, Saint-Etienne. — Tél. 2.56.

Astic (Louis), 13, place Jacquard, Saint-Etienne. — Tél. 6.10.

Araud (S.), 3, rue des Trois-Meules, Saint-Etienne. — Tél. 3.30.

Balaÿ (G.) et Cie, 5, rue de la République, Saint-Etienne. — Tél. 1.65.

Baleydier frères, 23, rue de la Bourse, Saint-Etienne. — Tél. 0.28.

Balouzet, Brossy jeune et Cie, rue des Jardins, 13. — Tél. 4.80.

Barailler et Cie, rue des Jardins, 12. — Tél. 8.09.

Baronnet frères, 12, place de l'Hôtel de Ville, Saint-Etienne. — Tél. 8.09.

Bathias et Nicolier, au Bas-Rez, Saint-Etienne.

Beraud (aîné), 3, rue de la République, Saint-Etienne. — Tél. 4.17.

Beraud (Denis), 28, rue Voltaire, Saint-Etienne.

Bernard (J.-B.), 9, place Marengo, Saint-Etienne. — Tél. 2.76.

Bernard jeune et Cie, rue de la République, 25, Saint-Etienne.

Berne père et fils, Bourg-Argental (Loire). — Tél. 13.

Bessy, Vernet et Cie, 3, rue Marengo, Saint-Etienne. — Tél. 5.06.

Blanc et fils, 13, rue de la République, Saint-Etienne. — Tél. 4.23.

Bodoy, Guitton et Cie, 11, rue de la Paix, Saint-Etienne. — Tél. 3.80.

Blanchard (Jules) et fils, 5, place Marengo, Saint-Etienne. — Tél. 1.55.

Bonnavion et Derochet, 12, place de l'Hôtel de Ville, Saint-Etienne. — Tél. 11.55.

Bourlier (T.) et Cie, 2, place Marengo, Saint-Etienne. — Tél. 0.39.

Bridier et Tamet, 11, rue de la République, Saint-Etienne.

Brossy (Clément), Villa Les Agrèves, à la Mulatière, Saint-Etienne.

Brottier et Dumas, 1, rue Thiollière, Saint-Etienne. — Tél. 0.30.

Brun (C.) fils et Marcon, 14, rue de la Paix, Saint-Etienne. — Tél. 1.36.

Buhet, Thiollier et Cie, 10, rue du Treuil, Saint-Etienne. — Tél. 0.41.

Carro (J.-B.), 9, rue de la République, Saint-Etienne.

Chambeyron (Etablissements), à la Digonnière, Saint-Etienne. — Tél. 4.76.

Chambe (J.), rue Praire, 8 bis, Saint-Etienne. — Tél. 6.16.

Chatelard et Charles, 116, rue d'Annonay, Saint-Etienne. — Tél. 6.15.

Chazotte (J.), 14, rue de la République, Saint-Etienne.

Chenouf frères, place Marengo, 5, Saint-Etienne. — Tél. 5.22.

Charlois et Pinatel, 3, rue de la République, Saint-Etienne. — Tél. 13.57.

Chillet (J.) et Cie, 63, rue du Bourg-Argental, Saint-Etienne. — Tél 10.38.

Chomier (Louis), 78, rue Désirée, Saint-Etienne. — Tél. 5.56.

Chosson (J.-M.) et Cie, 5, rue Président Wilson, Saint-Etienne. — Tél. 11.71.

Cizeron (J.), au Rez, Saint-Etienne.

Colcombet (F.) et Cie, 19, rue de la Bourse, Saint-Etienne. — Tél. 0 46.

Combasson (J.), 17, rue Paul Bert, Saint-Etienne.

Cordonnier (A.), 10, rue Rouget de l'Isle, Saint-Etienne. — Tél. 7.24.

Coron et Bunand, à la Digonnière, Saint-Etienne. — Tél. 1.44.

Couchoux (J.), 9, rue Blanqui, Saint-Etienne. — Tél. 4.74.

Courbon (L.) et Cie, 3, rue de la Préfecture, Saint-Etienne. — Tél. 3.69.

Courdioux (E.), 2, place Marengo, Saint-Etienne. — Tél. 3.76.

Crépet-Teste (J.), 22, rue de la Bourse, Saint-Etienne. — Tél. 1.71.

Dalle (A. et L.) et Cie, à Wervicq-sud, (Nord). — *Succursale à Saint-Etienne, 8, impasse Saint-Honoré.* — Tél. 5.10.

Damien (Antoine), 26, rue de la Bourse, Saint-Etienne.

David (J.-B.), 16, rue de la Bourse, Saint-Etienne. — Tél. 59.

Defour (Louis), au Rez, Saint-Etienne.

Defour-Brun, fabricant de faveurs, Firminy (Loire). — Tél. 2.

Degatier (T.), 1, rue Président-Wilson, Saint-Etienne. — Tél. 5.53.

Delomier (Cl.), 23, rue de la Préfecture, Saint-Etienne. — Tél. 4.10.

Denerolle (J.), 15, rue de la Bourse, Saint-Etienne. — Tél. 5.05.

Descos (J.-B.), 17, rue de la Paix, Saint-Etienne. — Tél. 8.64.

Descours (Henri), 15, place de l'Hôtel-de-Ville, Saint-Etienne. — Tél. 4.94.

Deville jeune, 14, rue de la République, Saint-Etienne. — Tél. 1.28.

Deville (Nicolas), 4, rue Forissier, Saint-Etienne. — Tél. 0.55.

Doron et Villard, 13, rue Berthelot, Saint-Etienne. — Tél. 11.30. — *Bureau à Paris, 8, rue Grenéta. — Tél. Archives, 21.22.*

Ducaruge et Barnola, 17, rue de la Paix, Saint-Etienne. — Tél. 2.44.

Duplanil et Morel, 14, rue de la Paix, Saint-Etienne. — Tél. 4.43.

Durand (A.), 23, rue de la Préfecture, Saint-Etienne.

Epitalon frères, 22, rue de la Bourse, Saint-Etienne. — Tél. 3.44.

Eyraud (S.), 12, place de l'Hôtel de Ville, Saint-Etienne. — Tél. 5.63.

Fabre et Otternaud, 6, rue de la Paix, Saint-Etienne. — Tél. 7.45.

Faconnet (H.), 4, rue de la Paix, Saint-Etienne. — Tél. 2.31.

Faure (J.-B.), 11, rue de la Paix, Saint-Etienne. — Tél. 3.72.

Faure-Roux (Ch.), 15, rue Marc Seguin, Saint-Chamond (Loire). — Tél. 0.10.

Faure frères et Cie, 3, rue de la Préfecture, Saint-Etienne. — Tél. 5.59.

Ferrier (Henri), 4, rue Gérentet. — Tél. 5.21.

Fétilleux (J.-B.), 3, rue de la Bourse, Saint-Etienne. — Tél. 3.72.

Fontanilles (Henri), 8, rue de la République, Saint-Etienne. — Tél. 8.17.

Forest (J.) et Cie (Etablissements), 14, rue Buisson, Saint-Etienne. — Tél. 3.62. — *Bureau à Paris, 91, boulevard Sébastopol.*

Foujols (L.) et Cie, Saint-Just-Malmont (Hte-Loire). — Tél. 3. — *Bureau à Paris, 12, rue du Caire.*

Franck et Perrin, 26, rue de la Paix, Saint-Etienne. — Tél. 7.02.

Fraisse-Merley, 5, place Marengo, Saint-Etienne. — Tél. 0.26.

Frécon fils, 6, rue François Gillet, Saint-Etienne. — Tél. 10.21.

Gubert aîné (J.-B.), au Rez, Saint-Etienne. — Tél. 9.60.

Garand (Léon), 16, rue de la Paix, Saint-Etienne. — Tél. 11.35.

Gaucher (J.), 3, rue du Treuil, Saint-Etienne. — Tél. 0.00

Gauthier (Antoine) (les successeurs de) 10, rue Mi-Carême, Saint-Etienne. — Tél. 1.35.

Gay (J.) et Faure, 4, Cours Saint-Paul, Saint-Etienne. — Tél. 1.54.

Gelas-Fayolle (Emile), 14, place Paul Bert, Saint-Etienne.

Gillet et fils, Izieux (Loire).

Garde (F.), 123, boulevard Valbenoîte, Saint-Etienne. — Tél. 2.18.

Giron frères, 4, rue de la Richelandière, Saint-Etienne. — Tél. 12 et 13. — *Bureau à Paris, 61-63, rue Réaumur.*

Gogat et Menu, 9, rue des Deux-Amis, Saint-Etienne.

Gotard (A.), 15, rue Paul Bert, Saint-Etienne. — Tél. 2.35.

Grillet (P.), 17, rue la Paix, Saint-Etienne. — Tél. 1.53.

Guinard (A.), 8, place Marengo, Saint-Etienne. — Tél. 7.75.

Guinard (Joseph), 6, rue de la Bourse, Saint-Etienne. — Tél. 5.20.

Guillaume et Cie, 2, rue du Général Foy, Saint-Etienne. — Tél. 2.37.

Guérin (Vve) et fils, 17, rue de la Bourse, Saint-Etienne. — Tél. 5.29.

Hesse (Lucien), 14, rue de la République, Saint-Etienne. — Tél. 2.16.

Hoerler (Auguste), 1, rue de la République, Saint-Etienne. — Tél. 8.84.

Humbert (F.), 19, rue Brossard, Saint-Etienne.

Hyvert frère et fils, 28, rue du Treuil, Saint-Etienne. — Tél. 2.54.

Jacquet et Cie, 11, rue de la République, Saint-Etienne. — Tél. 2.50.

Jurine et Sangoy, Saint-Didier-la-Séauve (Hte-Loire). — Tél. 2.

Jurine-Fulchiron, 10, rue Gérentet, Saint-Etienne.

Ladavière, Rousson, Vincent et Cie, 28, rue des Mouliniers, Saint-Etienne. — Tél. 2.46. — *Bureau à Paris, 88, rue Saint-Denis.* — Tél. central 97.89.

Larigaldie (G.), 3, rue Forissier, Saint-Etienne. — Tél. 1.58.

Landrivon (C.), 19, place Marengo, Saint-Etienne. — Tél. 0.14.

Levet (M.), 38, rue Jean-Baptiste Cessler, Saint-Etienne.

Louison (V.) et Cie, 1, rue Buisson, Saint-Etienne. — Tél. 4.47.

Lyonnet et Glass, 13, place Marengo, Saint-Etienne. — Tél. 0.66.

Maillard (J.), 16, rue de la République Saint-Etienne. — Tél. 4.14.

May (J.) et Cie, 22, rue de la Bourse,
Saint-Etienne. — Tél. 104 et 12.96. —
Bureau à Lyon, 16, rue Lafont. — Tél.
25.29.

Mercier et Fessy, au Valfuret, Saint-
Etienne. — Tél. 4.32.

Meyer (Pierre), 6, rue Marengo, Saint-
Etienne. — Tél. 3.48.

Michalon (A.), 11, rue de la République,
Saint-Etienne.

Michel et fils, 17, rue Président Wilson,
Saint-Etienne. — Tél. 5.13.

Montagnon (A.), 2, rue de la Paix, Saint-
Etienne. — Tél. 7.62.

Montagnon et Goyet, 4, rue Mi-Carême,
Saint-Etienne. — Tél. 3.39.

Moulin fils, Saint-Just-Malmont (Hte-
Loire). — Tél. 2.

Morlet (G.), 123, boulevard Sébastopol,
Paris. — Tél. central, 54.50. — *Succursale à Saint-Etienne, 1, rue Président Wilson.*

Neyret, frères et Cie, 16-18, rue du
Jeu-de-l'Arc (Saint-Etienne). — Tél.
0.61.

Neyron de Saint-Julien et Cie, 6, rue
Gérentet (Saint-Etienne). — Tél. 0.29.

Oriol (J.-M.), 8, rue Gérentet, Saint-
Etienne.

Page-Bélinac et Cie, 6, rue Elisée-Reclus
(Saint-Etienne). — Tél. 5.07.

Paret (Eugène), 40, rue de la Paix (Saint-
Etienne). — Tél. 5.19.

Pause et Cie, 16, rue de la République
(Saint-Etienne). — Tél. 2.40.

Perrin et Sassolat, 9, rue de la Préfecture (Saint-Etienne). — Tél. 7.27.

Perrin (H.) et Ollier, 1, place Mi-Carême
(Saint-Etienne). — Tél. 4.73.

Peyrache frères, à Saint-Didier-la-Séauve
(Haute-Loire). — Tél. 3. *Bureau à Paris, 31 rue du Temple.* — Tél. Archives. 27.04.

Peyret-Lacombe et Cie, 9, place Paul-
Bert (Saint-Etienne). — Tél. 4.52.

Peyret, Larcher et Cie, 5, place Marengo
(Saint-Etienne). — Tél. 0.84.

Peyrieux (J. B.), 5, rue Paul-Bert (Saint-
Etienne).

Philip et Cie, 6, place de l'Hôtel-de-
Ville (Saint-Etienne). — Tél. 0.78.

Pichon frères, 2, rue Balay, Saint-
Etienne. — Tél. 6.47.

Pignol (P.) et Cie, 8, rue du Treuil (Saint-
Etienne). — Tél. 5.38.

Pinatel et fils, 15, rue Michel-Servet
(Saint-Etienne). — Tél. 0.60.

Pradelet et Coulomb, 1, rue de la Préfecture (Saint-Etienne). — Tél. 11.02.

Prébet (M.), 2, rue Gérentet (Saint-
Etienne). — Tél. 2.09.

Préher (A.), 5, rue Mi-Carême (Saint-
Etienne). — Tél. 8.55.

Proriol, 43, rue des Passementiers (Saint-
Etienne). — Tél. 6.93.

Richarme (F.), 26, rue de la Bourse
(Saint-Etienne). — Tél. 6.06.

Richarme et Beaulieu, 8 *bis*, rue Praire
(Saint-Etienne). — Tél. 4.24.

Rivière et Gombervaux, 7, rue du Treuil
(Saint-Etienne). — Tél. 16 et 124. Bu-
reau, à Paris, rue Etienne-Marcel.
— Tél. central, 14.13.

Rivoire (F.) et fils, 25, rue de la Bourse
(Saint-Etienne). — Tél. 1. *Messageries
nationales, 49, rue de la Victoire Paris.*
— Tél. central, 34.16.

Robichon (F.), 10, rue de la Paix (Saint-
Etienne). — Tél. 4.13.

Roche Samuel, 7, place de l'Hôtel-de-
ville (Saint-Etienne). — Tél. 11.34.

Rolland (E.) et Cie, 7, rue des Teinturiers (Saint-Etienne).

Rose et Largeron, 7, rue Richard prolongée (Saint-Etienne).

Seeholer aîné et Cie, 3, rue de la
République (Saint-Etienne). — Tél.
1.20.

Schott Jeune et Bernon, 10, place de
l'Hôtel-de-ville (Saint-Etienne). —
Tél. 10.85.

Serre et Cie, place Dorian, 1, (Saint-
Etienne). — Tél. 3.87.

Société Stéphanoise d'Apprêts, Moires
et Impressions, 8, rue Praire (Saint-
Etienne). — Tél. 3.33.

Staron jeune et Cie, 7, place Jacquart
(Saint-Etienne). — Tél. 2.73. — *Bureau
à Paris, 18, rue Vivienne.* — Tél. central 83.10.

Teinturerie de la Loire, à Saint Just-sur-
Loire (Loire). — Tél. 1. — *Dépôt à
Lyon, 5, rue Désirée.*

Teinturerie et Apprêts de Valbenoite,
17, rue des Teinturiers (Saint-Etienne).
— Tél. 3.65. — *Dépôt à Lyon, 19, place
Tolozan.*

Teintureries de Saint-Just sur-Loire
à Saint-Just-sur-Loire (Loire). — Tél.
5.69.

Thomas (J.), veuve, 3, rue du Coin,
Saint-Etienne.

Thuasne et Cie, 71, Faubourg Saint-
Martin, Paris. — Tél. nord 06.02. —

Succursale, rue de la Jonsagère à Saint-Etienne (Loire). — Tél. 3.53.

Tollet (J). 9, rue du Général-Foy, à Saint-Etienne.

Valancogne (A.), 8, rue de la République (Saint-Etienne). — Tél. 5.76.

Valette (Jean), 9, rue des Deux Amis (Saint-Etienne). — Tél. 2.33.

Vallet, Perronnet et Cie, 9, place de l'Hôtel-de-Ville (Saint-Etienne). — Tél. 3.71.

Vende (Ch.), Parain et Cie, 6, place de l'Hôtel-de-Ville (Saint-Etienne). — Tél. 4.40.

Vert (J.) aux Barques, Saint-Rambert-sur-Loire (Loire). — Tél. 14.

Villard (Antoine), 9, rue Elisée-Reclus (Saint-Etienne). — Tél. 5.42.

Villard (A.) et (L.) Cognet, 3, place Marengo (Saint-Etienne). — Tél. 6.55.

---

36. — Syndicat Patronal de l'Industrie Textile d'Elbeuf-Louviers et de la Région.

28, rue Henry, Elbeuf.

TÉLÉPH. 5.

Secrétaire :

M. MONSAVOIR.

Bureau.

MM. Emile LECALLIER, président.
Victor FRAENCKEL, vice-président.
Ernest BLIN, vice-président.
J. MIQUEL, vice-président.
Georges CANTHELOU, secrétaire.
Paul LE CORNEUR, trésorier; Th. BOURGEOIS; DECK; Georges PICARD; Robert LEFEBVRE; Roger SAINT-REMY.

Délégués auprès de l'Union.

MM. F. LECALLIER, président, 17, rue Caudebec, Elbeuf; Ernest BLIN, de la maison Blin et Blin; Henri TIRET, de la maison G. Canthelou et Cie.

Membres.

MM.
Allœnd-Bessand, Filateur, 5, rue Lemercier, Caudebec. — Tél. 0.10.

Blay (Jacques), Teinturier, à Orival Elbeuf. — Tél. 21.

Blin et Blin, Fabricants, avenue Gambetta, Elbeuf. — Tél. 0.26.

Boule (C.) et fils, Négociants en laine, 21, rue de Paris, Elbeuf. — Tél. 0.42.

Bourgeois (Th.) et fils, Fabricants, 16, rue Grémont, Elbeuf. — Tél. 0.95.

Breton (P.), Fabricant, Louviers. — Tél. 0.01.

Canthelou (G.) et Cie, Fabricant, rue Camille-Randoing. — Tél. 1.00.

Couchaux, Fabricant, 1, rue de l'Hospice, Elbeuf. — Tél. 4.38.

Didion (Paul), Apprêteur, 9, rue Th. Chenevière, Elbeuf. — Tél. 1.39.

Dorval, Fabricant, 40, rue de Paris, Elbeuf.

Dumas et Demare, Apprêteurs, rue Deshayes, Elbeuf.

Etablissements lainiers, Filature, Saint-Aubin-les-Elbeuf. — Tél. 1.83.

Fouard (Raymond), Teinturier, rue Quesnet Saint-Aubin. — Tél. 3.30.

Fraenckel et Herzog, Fabricants, 25, rue Camille-Randoing, Elbeuf. — Tél. 0.47.

Gasse frères, fabricants, 66, rue du Cours, Elbeuf. — Tél. 0.49.

Hue (Gustave), Négociant en déchets, 16, rue Pré Basile, Elbeuf. — Tél. 0.87.

Jeuffrain père et fils, Fabricants, Louviers. — Tél. 1.08.

Jubier (Vve), Teinturier, Louviers.

Lecallier fils, Fabricants, 17, rue de Caudebec, Elbeuf. — Tél. 0.58.

Lecerf et Cie, Fabricant, rue de la Gare, Saint-Aubin. — Tél. 3.56.

Lecointe, Fabricant, rue Lemercier, Caudebec.

Le Corneur et Cie, Fabricant, 2, rue de Caudebec, Elbeuf. — Tél. 0.60.

Lefebvre (Robert), Fabricant, 12 bis, rue de la Barrière, Elbeuf. — Tél. 0.97.

Magot, Fabricant, rue de Caudebec, Elbeuf.

Masurel frères, Filateurs, rue Lesage, Maille, Caudebec. — Tél. 0.80.

Miquel (J.) et fils, Fabricants, rue de la Gare, Louviers. — Tél. 0.14.

Mommers (J. et C.), Fabricants, 40, rue de Paris, Elbeuf. — Tél. 2.35.

Nivert et Cie, Fabricant, 41, rue Camille-Randoing, Elbeuf. — Tél. 0.69.

Olivier (Marcel) et David, Fabricant, rue de la République, Elbeuf. — Tél. 0.71.

Olivier (H.) et Picard (G.), Fabricants, 43, rue Camille-Randoing, Elbeuf. — Tél. 0.75.

Pellerin, Négociant en déchets, 20, rue de Rouen, Elbeuf. — Tél. 1.96.

Poullot (Albert), Filateur, 17, rue Saint-Amand, Elbeuf. — Tél. 4.45.

Poullot et Cie, Fabricant, 14, rue de Caudebec, Elbeuf. — Tél. 0.55.

Prudhomme frères, Fabricants, 10, Cours Carnot, Elbeuf. — Tél. 0.29.

Quabin, Fabricant, Caudebec-les-Elbeuf.

Quidet (H.) et fils, Fabricants, 18, Cours Carnot, Elbeuf. — Tél. 1.47.

Riquier (V.), Fabricant, rue de Paris, Elbeuf. — Tél. 2.53.

Saint-Remy (Vve), Teinturier, rue de Rouen, Elbeuf. — Tél. 0.68.

Saus et Cie, Filateur, Saint-Aubin-les-Elbeuf. — Tél. 2.81.

Société Anonyme d'apprêts, Apprêteurs, Cours Carnot, Elbeuf. — Tél. 0.13.

Société Anonyme des anciens Etablissements Bellest Clarenson et Lebret, Fabricants, rue aux Bœufs, Elbeuf. — Tél. 0.34.

Scamps, Négociant, passage Plantefol, Elbeuf. — Tél. 2.43.

Usine du Rempart, Teinture et apprêts à Louviers. — Tél. 0.85.

---

37. — Chambre syndicale des industries textiles et des industries qui s'y rattachent du territoire de Belfort et des régions limitrophes.

Bureau :

MM. Ernest Boigeol, président.
Ebersold, vice-président.
Marcel Japy, vice-président.
De Fontaines, vice-président.
Georges Courant, secrétaire.
Brunhammer, trésorier.

Délégués à l'Union :

MM. Ernest Boigeol, à Giromagny; Marcel Japy; André Schwob.

Membres :

MM.

Ernest Boigeol et Cie, Giromagny.
Filature de laine peignée, Valdoie.

Etablissements Dollfus-Noack, Valdoie.

Filatures et tissages de Danjoutin, Danjoutin.

Société anonyme Dollfus-Mieg et Cie, Belfort.

Kahn-Lang et Cie, Anjoutey.

Manufactures Hartmann, Rougegoutte.

Zeller frères et Cie, Etueffont-Bas.

Chappuis et Winckler frères, Rougemont-le-Château.

Edouard Zeller, Luxeuil.

Courant-Sahler, Montbéliard.

Société anonyme de filatures et tissages Japy, Audincourt.

Jules Dorget, Epinal.

Etablissements Warnod-Boigeol, Giromagny.

Mura et Cie, Ronchamp.

Les Fils de Scheurer-Sahler, Lure.

Berger-Sahler, Montbéliard.

G. Herr, Roelly et Cie, Baume-les-Dames.

Etablissements Bourcart, Montbéliard.

Charles Etienne et Cie, Fresse.

Schwob frères, Héricourt.

Paul Bretegnier, Héricourt.

Victor Erhard (tissage), Rougemont-le-Château.

A. Iselin, filature de Chappe Ringwald, Lure.

Ebersolt, Héricourt.

Sauvegrain, filateur de coton, Baume-les-Dames.

Jules Dreyfus, tissage, Valdoie.

Etablissements de « Le Grand-Pré », Héricourt.

La Teinturerie alsacienne, Danjoutin-Belfort.

---

38. — Union des Marchands de Soie de Lyon.

29, rue Puits-Gaillot, Lyon.

Téléph. 5.25.

Bureau :

MM. Henry Terrail, président d'honneur.
Louis Guerin, président.
Jean Deydier, vice-président.
Georges Cozon, trésorier.
Joseph Chavent, secrétaire.
Joseph Bechetoille, membre.
Henry Bertrand, membre.
Vincent Frachon, membre.
Louis Payet, membre.
Georges Pila, membre.

Délégués :

MM. Louis GUERIN, président, 31, rue Puits-Gaillot, à Lyon; Henry TERRAIL, 1, rue de la République, Lyon; Albert COTTE, 2, Quai de Retz, Lyon; CRÉTIN, secrétaire.

Membres :

MM.

Alex, Saublez et Cie, 14, rue Désirée. — Tél. 39.01.

Angus (F. W.), 12, rue du Garet. — Tél. 33.53.

Armandy (Vve G.) et Cie, 2, Quai de Retz. — Tél. 9.64.

Banque Industrielle de Chine (Agence de Lyon), 7, 9, rue de la République. — Tél. 26.22.

Banque nationale de crédit (Succursale de Lyon), 10, Quai de Retz. — Tél. 13.33.

Banque privée, Industrielle, Commerciale, Coloniale, 41, rue de l'Hôtel-de-Ville. — Tél. 21.39.

Bechetoille (A.), 11, rue du Garet. — Tél. 24.74.

Bertrand (Henry), 24, rue Lafont. — Tél. 9.57.

Bottiglia (Emilio), 24, Place Tolozan. — Tél. 33.13.

Boutet (A.) et Cie, 4, Quai de Retz, Lyon. — Tél. 23.80.

Boyer, Mazet et Cie, 1, Quai de Retz. — Tél. 9.63.

Chabrières, Morel et Cie, 20, rue Lafont. 12.17.

Chamonard, Frachon et Cie, 9, rue de l'Arbre-Sec. — Tél. 15.72.

Chavanis (Paul) et Cie, 8, Quai de Retz. — Tél. 13.16.

Chavrier (J.) et Cie, 11, rue du Garet. — Tél. 23.48.

Comptoir national d'escompte de Paris (Agence de Lyon), 11, rue Bât-d'Argent. — Tél. 44.37.

Cozon (frères), 5, Quai de Retz. — Tél. 13.38.

Cox et Cie (France) Limited (Agence de Lyon), 1, rue de la République. — Tél. 21.08.

Crédit commercial de France (Succursale de Lyon), 19, rue de la République. — Tél. 16.12.

Crédit du Rhône, 23, rue Neuve. — Tél. 57.67.

Crédit Lyonnais, 18, rue de la République. — Tél. 16.97.

Debrabant Samuel), 16, rue Désirée. — Tél. 1.97.

Dent (Herbert) et Cie, 7, rue Terraille. — Tél. 22.29.

Desgeorge, Deydier et Cie, 19, rue Puits-Gaillot. — Tél. 5.38.

De Soulange (J.), 11, rue de l'Arbre-Sec. — Tél. 51.43.

Doyon (A.), 20, rue Lafont. — Tél. 5.43.

Etienne (P.), Rochette et Cie, 3, rue Pizay. — Tél. 23.99.

Geoffray (Félix), 43, rue Vieille-Monnaie. — Tél. 58.74.

Gérin-Drevard, 27, rue Puits-Gaillot. — Tél. 7.95.

Gros et Cie, 3, rue du Garet. — Tél. 10.02.

Guérin (Vve) et fils, 31, rue Puits Gaillot, Lyon. — Tél. 39.03.

Hamasaki (H.), agent de Mitsui et Cie Limited, 8, rue Lafont. — Tél. 44.03.

Hara et Cie, 11, rue du Garet. — Tél. 24.74.

Hongkong et Shanghai Banking corporation (Agence de Lyon), 19, place Tolozan. — Tél. 10.14.

International Banking Corporation (Agence de Lyon), 27, place Tolozan. — Tél. 32.31-28.69.

Jacquier et Cie, 4, rue de la Bourse. — Tél. 16.17.

Lacroix (H.) et Leblanc, 24, rue Lafont. — Tél. 18.52.

La Générale soies, 27, rue Puits-Gaillot. — Tél. 5.32.

London County Westminster and Parr's Foreign bank Limited (Agence de Lyon), 37, rue de la République. — Tél. 16.32.

Longin (J.) et Cie, 33, rue Puits Gaillot. — Tél. 4.60.

Madier frères et Cie, 14, rue Pizay.

Manivet (Vve P.), 15, rue du Garet. — Tél. 13.44.

May et Cie, 16, rue Lafont. — Tél. 25.29.

Mayor (Charles) et Cie, 7, Quai de Retz. — Tél. 12.29.

Meunier (Paul), 31, rue Romarin. — Tél. 33.90.

Millet et Rivière, 18, rue Romarin. — Tél. 18.44.

Mitsubishi, 31, rue Puits-Gaillot. — Tél. 49.06.

Mogi et Cie, 6, rue Lafont. — Tél. 23.13.

Mollard (frères), 5, Petite rue des Feuillants. — Tél. 3.63.

Morin, Murit et Douarre, 11, rue de l'Arbre-Sec. — Tél. 31.26.

Morin-Pons (Vve) et Cie, 12, rue de la République. — Tél. 16.14.

Muggiani-Bertholon, agents de W. R. Loxley et Cie de Hongkong, 14, rue Désirée. — Tél. 25.16.

Nabholz et Cie, 3, Quai de Retz, 10.01.

Naville (J.), 2, rue de la République. — 13.36.

Pacaly (Louis), 4, rue Puits-Gaillot. Tél. 53.38.

Palluat, Testenoire et Cie, 13, rue du Griffon. — Tél. 4.57.

Payen (L.) et Cie, 9, rue Pizay. — Tél. 12.28.

Payet (Louis), 26, place Tolozan. — Tél. 18.15.

Peillon, Mérieux et Cie, 1, rue du Théâtre. — Tél. 12.22.

Perrin (H.), Bruno et Cie, 4, rue Désirée. — Tél. 39.14.

Pila et Cie, 2, rue de la République. — Tél. 12.01.

Quinson et Garsin, 14, quai Saint-Clair. — Tél. 22.27.

Raw-Silk Trading Cie of Lyons, 7, rue Désirée. — Tél. 42.89.

Renaud (Laurent), 15, rue du Garet. — Tél. 7.95.

Rose (Marius) et Cie, 2, rue Puits-Gaillot. — Tél. 5.28.

Saublez (Ch.), 12, rue Pizay, Lyon.

Saint-Olive, Cambefort et Cie, 13, rue de la République. — Tél. 15.76.

Société anonyme de Filatures de Schappe, 1, quai J. Courmont. - Tél. 13.61.

Société générale pour favoriser le développement du Commerce et de l'Industrie en France (Agence de Lyon), 6, rue de la République. — Tél. 48.27.

Société Lyonnaise de Dépôts, Comptes-courants et de Crédit industriel, 8, rue de la République. — Tél. 5.81.

Société Lyonnaise sericicole et Soies d'Extrême-Orient, 1, rue de la République. — Tél. 4.62.

Soies asiatiques, 18, rue du Garet. — Tél. 13.19.

Sulzer, Rudolph et Cie, 14, rue du Garet. - Tél. 13.25.

---

31. — Chambre syndicale des Fabricants de toile de Lille et environs.

Nouvelle-Bourse, Lille.

MM. Albert Degouy, président.
Maurice Durem, vice-président.

MM. Max Fauchille, trésorier.
André Boniface.
A. Mulliez.
Gustave Delplanque.
Joseph Lemaitre.
Albert Durand, secrétaire.

Délégués à l'Union :

MM. A. Degouy, président, 34, rue Patou, Lille. — Tél. 195; Durand, secrétaire, Nouvelle Bourse, Lille. — Tél. 88.

Adhérents :

MM.

Bell-Sueur et Cie, 11, rue Doudin, Lille. — Tél. 104.

Blanquart (L.), 13, rue Ban-de-Wedde, Lille. — Tél. 1382.

Biebuyck, 5, rue Sans-Pavé, Lille. — Tél. 766.

Boniface et Cie, 101, rue de Paris, Lille. — Tél. 1139.

Claro frères, 22, rue des Montagnards, Lille. — Tél. 1184.

Cosserat, 14, rue Jules Lardière, Amiens. — Tél. 0.18.

Crepel et Cie, 137, rue de Paris, Lille. — Tél. 849.

Crespel (A. et E.), 117, rue de la Bassée, Lille.

Degouy frères, 1, rue d'Austerlitz, Lille. — Tél. 195.

Stock (P.), Halluin.

Delcourt (L.) et Cie, 143, rue de Wazemmes, Lille. — Tél. 462.

Demarcq frères, 1, quai de Sartel, Roubaix. — Tél. 353.

Duhem (A.) et Cie, 18, rue Saint-Génois, Lille. — Tél. 603.

Duquennoy et Lepers, Chereng.

Fauchille et Ponteville, 84, rue de Paris, Lille. — Tél. 2071.

Foürmeaux (Vve), Provin. — Tél. 8.

Fremaux et Delplanque, 27, rue du Vieux-Faubourg. — Tél. 850.

Heyndrickx et Delesalle, 8, rue Anatole de la Forge. — Tél. 683.

Huet (A.) et Cie, 21, rue des Buisses, 42, rue des Jeûneurs. — Tél. 812.

Jouret (G.), fils et Cie, Forest par Hem, Paris. — Tél. 2.

Ladreyt, Cysoing. — Tél. 12.

Laroche-Lechat, 88, rue de Lannoy, Lille. — Tél. 701.

Lemaltre-Demestère et fils, 19, rue des Buisses, Lille. — Tél. 103.

Leroy-Reynaert et Brabant, 1, rue Saint-Génols, Lille. — Tél. 1986.

Loridan-Dupont, Halluin. — Tél. 13.

Mamet, 116, rue Nationale, Lille. — Tél. 1414.

Ovigneur frères, 25, rue Sans-Pavé, Lille. — Tél. 1538.

Pecqueriaux (E. et A.), Sains-du-Nord. — Tél. 6.

Pigon (A.), 90, rue de Paris, Lille.

Playoust, Delpierre et Boulert, 6, rue à Fiens, Lille.

Pollet (J.) et fils, 288, rue Pierre Legrand, Lille. — Tél. 878.

Renouard (E.), 13, rue Jeanne-d'Arc, Lille.

Rogeau (aîné), 20, rue des Tours, Lille. — Tél. 1052.

Schulz et Roquette, 4, rue des Jardins, Lille. — Tél. 1551.

Scrive et fils, 27, rue du Vieux-Faubourg, Lille. — Tél. 445.

Scrive-Thiriez, 54, rue Kléber, La Madeleine-lez-Lille. — Tél. 1178.

Spriet-Bouchez, 146, rue de Paris, Lille. — Tél. 1213.

Société anonyme des établissements Gratry, 15, rue de Pas, Lille. — Tél. 867.

Société anonyme du tissage d'Haubourdin, Haubourdin.

Etablissements Agaches fils, 12, rue du Vieux-Faubourg, Lille. — Tél. 811.

Société des établissements Deneux frères, Hallencourt, 15, boulevard Poissonnière, Paris.

Société anonyme tissage de Willems, Willems.

Sander Vandesmet et Ferrary (J.), rue Sadi-Carnot, Haubourdin.

Thieffry (A.), 207, boulevard de la Liberté, Lille.

Mulliez frères, 120 bis, rue de l'Ommelet, Roubaix. — Tél. 208.

Tissage de la Vallée, 51 bis, boulevard de la Liberté, Lille. — Tél. 807.

Voituriez (R.), boulevard Papin, Lille. — Tél. 1113.

Wicart frères, 1, rue Lamartine, Lille. — Tél. 985.

Wallaert frères, 75, rue de Fontenoy, Lille. — Tél. 658.

---

40. Syndicat de la teinture, du blanchiment et de l'apprêt de Reims.

Bourse du Commerce, 30, rue Cérès, Reims.

Bureau et délégué :

M. LAVAL, président, rue Ernest-Renan, Reims.

Membres adhérents :

MM.

Censier fils, rue de Saint-Brice, Reims.

Détré (Jean), 46, chaussée Bocquaine, Reims.

Détré (Pierre), 52, av. de Paris, Reims.

Floquet (Victor) fils, faubourg Fléchambault, Reims.

Laval et Cie, 33, rue Ernest-Renan, Reims.

Lelarge (Pierre), 16, bd Lundy, Reims.

Machuel, Paquot et Lelen, faubourg Fléchambault, Reims.

Renault-Gaultier, 12, av. de Laon, Reims.

Vigneau, 47, rue Chabaud, Reims.

Voos (Ivan), 59, rue Vernouillet, Reims.

---

41. — Chambre syndicale de la Fabrique de Tarare.

1, rue Ledru-Rollin, Tarare (Rhône).

TÉLÉPH. 1.32.

Bureau :

MM. Gabriel FRANC, président.
Antoine THIVEL, vice-président.
Jules BONNASSIEUX, vice-président.
J. SAINT-MARTIN, secrétaire-trésorier.
E. CHERBLANC, secrétaire-adjoint.

Délégués à l'Union :

MM. Gabriel FRANC, Tarare (Rhône);
E. CHERBLANC, 1, place de la Madeleine, Tarare.

Membres :

MM.

Bertrand (rue Cornil), 1, rue des Feuillants, Lyon. — Tél. 0.57.

Bodin (C.), 4, rue Etienne-Dolet. — Tél. 0.17.

Bonnassieux et Guidot et Cie, 3, rue de la Gare. — Tél. 0.05.

Champier (H.), rue de Paris. — Tél. 0.83.

Etablissement Chatelard, père et fils, rue Etienne-Dolet. — Tél. 20.67.

Clert (J. B.) et Bonnassieux, rue Etienne-Dolet. — Tél. 6.-0.67.

Etablissements David et Maigret, 30, rue Burle. — Tél. 0.92.

Demoulin, 10, rue de l'Union. — Tél. 1.22.

Dessalles et Cie, 33, rue Etienne-Dolet. — Tél. 0.87.

Dessalles fils, 76, rue de la République.

Faye-François, 4, rue Mezelle. — Tél. 0.48.

Ferrière et Charvet, rue de l'Union. — Tél. 0.98.

Giroud (J.), 13, rue Serroux. — Tél. 0.28.

Etablissements L. Gourdiat et Cie, Ch. Perrin et Cie, rue Gambetta. Tél. 0.65.

Anciens Etablissements Goutard-Amplepuis. 6, rue de la République. — Tél. 8.

Gravillon (J.) fils, 1, rue de la République. — Tél. 0.07.

Guillermet (G.), 35, rue Gambetta. — Tél. 0.26.

Jules Hamelin et fils, rue Gambetta. — Tél. 0.58.

Jacquet-Fougerat, 8, rue Denave. — Tél. 1.18.

(Vve) Madinier (Paul), 7, rue Hyppolyte. Côte. — Tél. 0.74.

Manufactures de velours et peluches, J.-B. Martin, usine du Vert-Galant. — Tél. 0.64.

Masson-Perrin (G.), rue Pigeonnier.

Société Plumetis et Mousselines de Tarare, 1, rue Lagoutte. — Tél. 0. 86.

Renaud (J.), 14, rue de la République. — Tél. 1.02.

Ruffier (François), 22, rue Etienne-Dolet.

Ruffier-Leutner (Alfred), rue Boucher-de-Perthes. — Tél. 0.91.

Serve et Rauch, 6, rue Denave. — Tél. 0.75.

Thivel (Gabriel), rue Lagoutte. — Tél. 1.36.

Thivel frères, 24, rue Etienne-Dolet. — Tél. 0.66.

Tournus frère, Valsonne. — Tél. 1.

Vermare, rue Etienne-Dolet. — Tél. 0.40.

Zehr fils, route de Paris. — Tél. 0.83.

---

42. — Chambre Syndicale des Fabricants de Tissus élastiques de Saint-Etienne et de la Région.

10, rue de la Bourse, Saint-Etienne (Loire).

Bureau :

MM. Gabriel VILLARD, président.
Louis BRUN, vice-président.

DARDEL, vice-président.
C. PRORIOL, trésorier.
J. CHOMAT, secrétaire.

Délégués à l'Union :

MM. G. VILLARD, président, 13, rue Berthelot, Saint-Etienne; J. QUÉRON, 55, boulevard Villebenoite, Saint-Etienne; THUASNE, 7, faubourg Saint-Martin, Paris,

Membres Adhérents :
MM.

Araud (S.), rue des Trois-Meules, Saint-Etienne. — Tél. 3.30.

Berger Joseph (Vve), La Valette, Saint-Chamond (Loire). — Tél. 1.59.

Brottier et Dumas, 1, rue Thiollière, Saint-Etienne. — Tél. 0.30.

Canonier, place de l'Hôtel-de-Ville, 6, Saint-Etienne. — Tél. 8.66.

Catteau (Ch.), Comines (Nord). — Tél. 19. — *Succursale à Saint-Didier la Séauve (Hte-Loire).* — Tél. 20.

Chillet (J.) et Cie, 63, rue du Bourg-Argental, Saint-Etienne. — Tél. 10.38.

Cunit (A.), 22, rue Brossard, Saint-Etienne. — Tél. 3.54.

Darnon (C.), 9, rue William-Neyrand, Saint-Chamond (Loire). — Tél. 91. — *Succursale à Paris, 7, rue d'Enghien.* — Tél. Louvre 21.22.

Dumas (Les fils de J.-B), 12, rue Jules Simon, Saint-Etienne. — Tél. 1.39.

Faure-Roux (Ch.), 15, rue Marc-Séguin, Saint-Chamond (Loire). — Tél. 0.10.

Fromage (Georges et Cie), Darnetal-lès-Rouen (Seine-Inf.).

Giron frères, 4, rue Richelandière, Saint-Etienne. — Tél. 12 et 33. — *Bureau à Paris, 61-63, rue Réaumur.*

Laitler et Cie. 68, rue de Sotteville, Rouen (Seine-Inf.). — Tél. 20.70. — *Succursale à Paris, 40 bis, faubourg Poissonnière.*

Laurent (P.), 5, rue Thiollière, Saint-Etienne.

Linossier (Cl.), 124, rue Saint-Roch, Saint-Etienne. — Tél. 3.25. — *Bureau à Paris, 5 bis, rue Rougemont.* — Tél. Louvre 53.14.

Manufacture Pascal (L. X.), rue des Palermes, Saint-Chamond (Loire). — Tél. 0.54.

Moinecourt et fils, 20, rue Jules-Duclos, Saint-Chamond (Loire). — Tél. 94.

Proriol, 43, rue des Passementiers, Saint-Etienne. — Tél. 6.93.

Quéron et Courbon, 55, boulevard Valbenoîte, Saint-Etienne. — Tél. 6.22.

Rivory (J.-B.), rue du Pont-Fournas, à Saint-Chamond (Loire).

Thuasne et Cie, 7, faubourg Saint-Martin, Paris. — Tél. nord 06.62. — *Succursale à la Jomayère, à Saint-Etienne.* — Tél. 3.53.

---

43. — Syndicat des Teinturiers en Cotons filés de la Seine-Inférieure.

Siège social : 2, Rue Ampère, Rouen.

Bureau :

MM. Julien BUISSON, président.
Maurice FORTHOMME, vice-président.
Fernand MIRAY, secrétaire-trésorier.
Joseph ANSEAMME, secrétaire-adjoint.

Délégués :

MM. Julien BUISSON, président, 24 *bis*, r. du Contrat-Social, Rouen; FORTHOMME.

Membres :

MM.

Anseammo (J.), Bapeaume-les-Rouen.

Blanchet (M.) et Gosselin (C.), Rouen.

Blanchisserie et teinturerie de Thaon (anciennement M. Forthomme), Gruchet-le-Valasse.

Caron (H.), fils (les Srs. de), Rouen.

Miray (F.), Darnétal-les-Rouen.

Blondel (R.) et Cie, Saint-Léger-du-Bourg-Denis.

Rouen (A.), Rouen.

---

44. — Syndicat des filateurs de laines de Tourcoing.

86, rue de Lille, Tourcoing.

TÉLÉPH. 43.

Bureau et délégués à l'Union :

MM. Romain FLIPO, président.
Maurice CAULLIEZ, vice-président.
Clément CHRISTORY, secrétaire-trésorier.
Léon JUNG, secrétaire général.

Membres :

MM.

Caulliez et Delaoutre, 15, rue du Dragon. — Tél. 30.

Christory fils, 31, rue de Renaix. — Tél. 26.

Deprez et Dutertre, 65-67, rue du Haze. — Tél. 213.

Dhalluin-Lepers, 31, rue de l'Alma. — Tél. 80, Roubaix.

Desurmont (J.) et fils, 47, rue de Bradfort. — Tél. 28.

Duthoit (A.) et Cie, 203, rue de la Malcense, 203. — Tél. 236.

Flipo frères, 70, rue du Touquet. — Tél. 11.

Honoré-Ferrant fils, 7, rue de la Malcense. — Tél. 234.

Herbaux-Tibeauts fils, 30, rue Faidherbe. — Tél. 239.

Haeffely (Henry), 223, rue du Tilleul. — Tél. 109.

Jonglez (Paul) et fils, 47, rue de la Blanche-Porte. — Tél. 76.

Lefebvre-Wattine (René), 18, rue du Bus. — Tél. 212.

Lorthious-Leurent et fils, 41, rue d'Austerlitz. — Tél. 521.

Lepers-Duduve fils, 82, rue des Piats. — Tél. 52.

Leplat (Emile) et fils, 198, rue de Guisnes. — Tél. 208.

Malfait-Desurmont fils, 29, rue de Gand. — Tél. 429.

Manufacture française de tapis et couvertures, 77, rue du Haze. — Tél. 659.

Masurel-Leclercq et fils, 63, rue du Collecteur. — Tél. 46.

Masurel frères (établissements), 21, rue de Wailly. — Tél. 469.470.

Motte-Dewavrin, 31, rue des Anges. — Tél. 67.

Parmentier (Emile), 36, rue de Paris. — Tél. 263.

Scalabre-Delcour fils, 12, rue de Roubaix. — Tél. 38.

Six (Alphonse), 261, rue du Flocon. — Tél. 66.

Six (Charles), 66, rue du Château. — Tél. 34.

Sion (Louis) et Cie, 248, rue du Général-Drouot. — Tél. 62.

Tiberghien (Ch.) et fils, 105, rue de Lille. — Tél. 31.

Tiberghien frères, 93, rue de Paris. — Tél. 556.

Vandenberghe-Desurmont (Veuve), 35, rue Sainte-Barbe. — Tél. 095.

Vienne (Jules), 82, rue des Carliers. — Tél. 313.

---

45. — Syndicat des filateurs de laine peignée de Roubaix.

34, rue Pellart.

Bureau :

MM. le Président.
Joseph NOVELLE, secrétaire.

Délégués à l'Union :

MM. le Président, rue de la Redoute, Roubaix ; J. NOVELLE, 34, rue Pellart, Roubaix.

Membres adhérents :
MM.
Cavrois-Mahieu et fils, 71, rue Mongolfier, Roubaix. — Tél. 223.
Debuigne (G.), 199, boulevard de Beaurepaire, Roubaix. — Tél. 409.
°« La Textile de Roubaix », 29, rue Darbo, Roubaix. — Tél. 873.
°Lepoutre (Aug.) et Cie, 32, rue du Pays, Roubaix. — Tél. 33.
°Glorieux (L.) et fils, 83, rue d'Alger, Roubaix. — Tél. 524.
°Motte et Porisse, 28, rue des Longues-Haies, Roubaix. — Tél. 102.
Motte-Bossut fils, 32, boulevard de Mulhouse, Roubaix. — Tél. 926.
°Pollet (Ch.) et fils, 88, rue de la Redoute, Roubaix. — Tél. 317.
°Pollet (C. et J.), 38, rue Nain, Roubaix. — Tél. 117.
°Ternynck (H.) et fils, 50, rue de la Gare, Roubaix. — Tél. 160.
°Ternynck frères, 74, rue de la Fosse-aux-Chênes, Roubaix. — Tél. 502.
°Toulemonde (E.-P.) et Ch., 9, rue du Pays, Roubaix. — Tél. 65.
°Desrousseaux (L. et H.), 90, rue du Collège, Roubaix. — Tél. 11.31.
°Valentin-Roussel fils, 21, rue de la Paix, Roubaix. — Tél. 928.
°Huet (Charles), 4, rue Malesherbes, Roubaix. — Tél. 4.
Leclercq-Dupire, 6, rue de l'Hospice, Roubaix. — Tél. 50.
« La Lainière de Roubaix », 149, rue d'Oran, Roubaix. — Tél. 139 et 14.88.

Toulemonde-Destombes, 124, boulevard Gambetta, Roubaix. — Tél. 9.50.
Filature du Maufait, avenue Alfred Motte, Roubaix. — Tél. 123.
Société anonyme de Filature, 5, rue de Mouvaux, Roubaix. — Tél. 122.

---

46. Syndicat général français du moulinage de la soie.

2, rue Désirée, Lyon

TÉLÉPH. 44.62.

Bureau :

MM. Albert BÉRENGER, président.
BOUCHARLAT, secrétaire.

Délégués à l'Union :

MM. A. BÉRENGER, président, 29, rue Gasparin, Lyon ; CHABERT, Flaviac (Ardèche).

Membres :
MM.
Archambaud et fils, Aubenas (Ardèche).
Arnaud (J.), Saint - Paul - les - Romans (Drôme).
Bastide, Vinezac (Ardèche).
Borne (F.-A.), Privas (Ardèche).
Bailly, Buis-les-Baronnières (Drôme).
Bourg (L.), Dornas (Ardèche).
Baudiche-Lorgeron (L.), Privas.
Bérud, Gadagne (Vaucluse).
Bouscarle (L.), Sorgues (Vaucluse).
Bancilhon, Aubenas (Ardèche).
Blanchard, Dunières (Haute-Loire).
Bérenger (A.), 29, rue Gasparin, Lyon.
Bérenger (M.), Livron (Drôme).
Bouchet, Dunières (Haute-Loire).
Charreyre (P.), Saint-Fortunat (Ardèche).
Chomaral (J.-M.), Saint-Julien-Labrousse (Ardèche).
Chomat, Charmes (Ardèche).
Cotta (C.), Albon (Ardèche).
Chabert (P.), Flaviac (Ardèche).
Chabert et Tourette, Saint-Privat (Ardèche).
Coudine (Georges), Aubenas.
Couturier, Bévenay (Isère).
Chartron, Saint-Donat (Drôme).
Chabert (H.), Valence (Drôme).
Cursoux, Dunières (Haute-Loire).
Carrot, Dunières (Haute-Loire).
Charroin, Dunières (Haute-Loire).

Coudere, Saint-Julien-en-Saint-Alban (Ardèche).

Cros, au Creux-de-la-Voulte, par Riotord (Haute-Loire).

Chavanne (Louis), Pélussin (Loire).

Delubac (Auguste), La Bégude (Ardèche).

Dufour (Albert), La Chapelle-sous-Chanéac (Ardèche).

Delubac (Alp.), 55, rue Molière, Lyon.

Deval (G.), Alissas (Ardèche).

Ducros, Crest (Drôme).

Doydier, Ucel (Ardèche).

Descours, Dunières (Haute-Loire).

Descours, Montfaucon (Haute-Loire).

Fougeirol, Les Ollières (Ardèche).

Faurie, La Chapelle-sous-Rochepaule (Ardèche).

Feugier, Aubenas (Ardèche).

Giraud, Vals-les-Bains (Ardèche).

Granger, Saint-Julien-Boutières (Ardèche).

Grenier-Latour (de), Saint-Pierreville (Ardèche).

Giraud, Albon (Ardèche).

Giraud, Marcols (Ardèche).

Gabert, Dunières (Haute-Loire).

Grange, Riotord (Haute-Loire).

Grange, Dunières (Haute-Loire).

Grail, Dunières (Haute-Loire).

Garel, Chomérac (Ardèche).

Garel, Valence (Drôme).

Gras (Louis), Chambon-de-Tencé (Haute-Loire).

Laurent (Jh.), La Sône (Isère).

Luquet, Marcols (Ardèche).

Laffont (Fernand), Le Cheylard (Ardèche).

Langjahr, Privas (Ardèche).

Lemoyne de Vernon, Dunières (Haute-Loire).

Malosse (C.), Saint-Martin-de-Valamas (Ardèche).

Mounier, Saint-Christol (Ardèche).

De Micheaux, Flaviac (Ardèche).

Malartre, Dunières (Haute-Loire).

Maurel, Dornas (Ardèche).

Mayet, Saint-Sauveur-de-Montagut (Ardèche).

Mourier, Dunières (Haute-Loire).

Mouchovet, Dunières (Haute-Loire).

Mousset, Dunières (Haute-Loire).

Molle, Riotord (Haute-Loire).

Michelon, Privas (Ardèche).

Mousset (J.-B.), au Pont-de-Pélussin (Haute-Loire).

Nicolas, Auberive-en-Royans (Isère).

Plantevin (Jh.), Pont-de-Labeaume (Ardèche).

Paradis, Riotord (Haute-Loire).

Plantevin (Ph.), Burzet (Ardèche).

Play, Montregard (Haute-Loire).

Royer, Chalençon (Ardèche).

Raphanel (Ed.), La Levade (Ardèche).

Roux, Dieulefit (Drôme).

Rouvière, Roubreau, par Largentière (Ardèche).

Rome, Suze-la-Rousse (Drôme).

Rey, Les Vans (Ardèche).

Rigaud (Victor), au Gournier, par Dunières (Haute-Loire).

Société Silon-Sarras, Sarras (Ardèche).

Souleilhac (P.) et Cie, Janjac (Ardèche).

Sage, Riotord (Haute-Loire).

Terrasse (Ch.), Saint-Péray (Ardèche).

Taven, Montélimar (Drôme).

Tinland, Saint-Sauveur-de-Montagut (Ardèche).

Tourrette (Louis), Aubenas (Ardèche).

Tardy (Pierre), aux Hostes, par Tencé (Haute-Loire).

Véron, Aubenas (Ardèche).

Verny, Ucel (Ardèche).

Virieu, Voiron (Isère).

---

47. — Association des Fabricants de dentelles.

45 *bis*, boulevard Jacquard, Calais.

Bureau :

MM. BARTON, président.

G. HEMBERT, administrateur-délégué.

Jean BASSET, secrétaire-rapporteur.

Lucien NOYON, trésorier.

ISAAC, administrateur aux Finances.

Délégués :

MM. BARTON, 51, rue des Communs, Calais; BASSET, 44, boulevard Lafayette, Calais; G. HEMBERT, 150, rue des Quatre-Coins, Calais.

Adhérents :

MM.

Amédro (Gaston), Usine Noyon, 62, rue des Salines, Calais.

Amédro (Ghysel), usine Noyon, 126, rue des Salines, Calais.

Attenborough-Franck, 3, rue Verte, Calais.

Avron (Eugène), usine Noyon, 7, rue des Salines, Calais.

Amédro (Adolphe), 24 *bis*, rue de la Tannerie, Calais.

Bachelier (Auguste), 75, rue du Vauxhall, Calais.

Bachelier (Paul), 31, rue du Temple, Calais.

Bachy Wanecq, 19, rue Auber, Calais.

Bacquet (Gaston), 92, rue du Vauxhall, Calais.

Bacquet et Cie, 19, rue Auber, Calais.

Banequart (Paul), 89, rue des Soupirants, Calais.

Banequart (R. et G.), 10, rue Sambor, Calais.

Banquart-Gourgeot, rue du Cosmorama, Calais.

Banquart (ainé), 1, rue Gambetta, Calais.

Barton (Thomas), 31, rue des Communes, Calais.

Barton (W.-S.), 28, rue du Cosmorama, Calais.

Barsby frères, 68, rue du Vauxhall, Calais.

Basset (Emile), usine Noyon, 138, rue des Salines, Calais.

Basset (Ed. et Cie), 140, rue des Quatre-Coins, Calais.

Basset (Jean), 44, rue Lafayette, Calais.

Beaugrand (Jules), 2, rue des Fleurs, Calais.

Bélart (Gaston), 2, rue Sambor, Calais.

Bélart (Léon), 2, rue Sambor, Calais.

Bernamont (Louis), 54, rue des Quatre-Coins, Calais.

Bernard (Claude), 58, rue des Quatre-Coins, Calais.

Berreville (G.), usine Noyon, 33, rue des Salines, Calais.

Berthe (Gaston), 50, rue Neuve, Calais.

Berthe (Henri), 48, rue Newton, Calais.

Beuter, 92, rue du Vauxhall, Calais.

Beutin, 9, rue Auber, Calais.

Binaux (Félix), 21, rue Auber, Calais.

Binaux-Méquin, usine Brochot, rue Caillette, Calais.

Blanquart (Albert). 91, rue du Four-à-Chaux, Calais.

Blanquart (Emile), 13, rue Neuve, Calais.

Blanquart (Gaston), 53, rue du Temple, Calais.

Bocherel (Gustave), usine Lecomte, rue des Soupirants, Calais.

Bodechon et Cie, usine Boulart, rue du Pont-Neuf, Calais.

Boin (Gaston), 13, rue Neuve, Calais.

Boin (jeune), 16, rue du Pont-Neuf, Calais.

Boin (Jules), 13, rue Neuve, Calais.

Boinet-Lapierre, 65, rue des Soupirants, Calais.

Bomy (L.) et Cie, rue Darnel, Calais.

Boot (Albert), 69, rue de la Pomme-d'Or, Calais.

Boot et Cie, usine Noyon, 124, rue des Salines, Calais.

Bordet (R. H.), usine Noyon, 22, 24, rue des Salines, Calais.

Boulanger-le-Bas (Vve), 48, rue de la Tannerie, Calais.

Bourré (Oscar), 89, rue des Fontinettes, Calais.

Bourré (Edmond), 33, rue Gustave-Cuvelier, Calais.

Bourré (Léon), 68, rue du Vauxhall, Calais.

Boutroy (Marcel), 20, rue Thiers, Calais.

Brouttier et Bertout, 92, rue du Vauxhall, Calais.

Brebiou (G.), 58, rue Chanzy, Calais.

Bricout (Arthur), 136, rue Lafayette, Calais.

Bricout-Fontaine, 95, rue Fontinettes, Calais.

Bricout frères, 19, rue Auber, Calais.

Bruitte (Vve François), 31, rue du Cosmorama, Calais.

Buche (Jules), 123, rue Lafayette, Calais.

Butez (Léonie), 19, rue Auber, Calais.

Butler (William), 2, rue des Fleurs, Calais.

Buttez (Léon-Alfred), 136, rue Lafayette, Calais.

Cacheux (Ed.), 9, rue du Cosmorama, Calais.

Caille et Smith, 14, rue de la Passerelle, Calais.

Cambier (Paul), 91, rue du Four-à-Chaux, Calais.

Capelle (René), 178, rue Lafayette, Calais.

Carnel (V.), 32, rue de la Tannerie, Calais.

Carpentier (Antoine), 18, rue du Temple, Calais.

Casella (Julien), 88, rue du Vauxhall, Calais.

Cattez (Vve), 40, rue du Pont-Lottin, Calais.

Cordier Antoine (Vve) et fils, 42, rue Chanzy, Calais.

Cordier et fils, 6, rue du Pont-Lottin, Calais.

Cordier (Jean), 45, rue du Pic, Calais.

Cordier (Gustave), 6, rue du Pont-Lottin, Calais.

Cordier-Levray (O.) et Cie (Vve), 29, rue du Vic, Calais.

Cornevin (Gaston), 30, rue du Bout-des-Digues, Calais.

Courquin et Giniaux, usine Noyon, 21, rue des Salines, Calais.

Couvreur, 91, rue du Four-à-Chaux, Calais.

Cuvelier (Vve), 18, rue du Temple, Calais.

Chatelle (F.), usine Brochot, rue Caillette, Calais.

Danzel '. (Vve), 25, rue du 29 Juillet, Calais.

Danzel frères, 25, rue du 29 Juillet, Calais.

Daux (Gaston), 30, rue du Bout-des-Digues, Calais.

Darquer-Bacquet et Cie, 56, rue des Quatre-Coins, Calais.

Davenière et Cie, 15, rue Espérance, Calais.

Daviez (Aimé), 13, rue Neuve, Calais.

Debaëne (Ch.), 27, rue Chanzy, Calais.

Debèvre (Emile), 54, rue des Quatre-Coins, Calais.

Declémy (L.), 6, rue du Pont-Lottin, Calais.

Decock (F,), 136, rue Lafayette, Calais.

Deguines et fils, 60, rue Lafayette, Calais.

Deguines (Félicien), 175, rue des Quatre-Coins Calais.

Deguines (Georges), 2, rue Darnel, Calais.

Deguines (Oscar), 39 bis, rue Chanzy, Calais.

Delacre et Gavelle, 92, rue du Vauxhall, Calais.

Delahaye et Cie, 26, rue de la Tannerie, Calais.

Delanghe frères, 16, rue Charost, Calais.

Delannoy et Cie, 6, rue du Pont-Lottin, Calais.

Delannoy (H.), 136, rue Lafayette, Calais.

Delattre frères, 13, rue Neuve, Calais.

Delbarre (Eugène), 78, rue de la Tannerie, Calais.

Delbarre (H. et L.), 4, rue Lafayette, Calais.

Delbarre (J.), 19, rue Auber, Calais.

Delbarre (L.), 65, rue des Soupirants, Calais.

Delcloy (A.), 36, rue des Communes, Calais.

Delhaye et Compiègne, 91, rue du Four-à-Chaux, Calais.

Delliaye (Er.), 6, boulevard Pasteur, Calais.

Delhaye-Vernalde (Vve), 92, rue du Vauxhall, Calais.

Deloison (Emile), 48, rue du Temple, Calais.

Delplace-Coquerel, 58, rue Chanzy, Calais.

Delplace frères, 136, rue Lafayette, Calais.

Desplauques (Louis), 82, rue du Temple, Calais.

De Mendonça, 33, rue du Temple, Calais.

Demassieux (Paul), 44, rue du Temple, Calais.

Deras (François), 2, rue Sambor, Calais.

Descamps (L.-J.), 29, rue Cosmorama, Calais.

Desplanque (Arthur), 11, rue Cosmorama, Calais.

Després-Gilliot, 24, rue de la Tannerie, Calais.

Deroses (Veuve), 19, rue Auber, Calais.

Desreumaux (E.), 37, rue Neuve, Calais.

Desreumaux-Foulon, 33, rue des Soupirants, Calais.

Desreumaux (O.), 58, rue Moulin-Brûlé, Calais.

Detrès et Delplanque, 9, 11, rue du Cosmorama, Calais.

Dewaële et Cie, 7, rue Charost, Calais.

Dewez (B.), usine Capelle, rue du Pont-Neuf, Calais.

Dognin et Cie, rue Magistrale, Calais.

Dolain (E.), 58, rue Chanzy, Calais.

Drouet (M.), 92, rue du Vauxhall, Calais.

Druon (François), 11, rue Darnel, Calais.

Ducarne (Victor), 19, rue Auber, Calais.

Duchateau (F.), 38, rue Auber, Calais.

Duchêne (Albert), 19 bis, rue des Fleurs, Calais.

Duchêne (Auguste), 19, rue Chanzy, Calais.

Duchêne (Edgar), 16, rue du Pont-Lottin, Calais.

Duchêne (jeune), 35 bis, rue du Temple, Calais.

Ducrocq, 63, rue du Vauxhall, Calais.

Dufretalle et Détant, 1, rue Gambetta,

Dufossé (Léopold), et Cie, 35, rue du Temple.

Duquenoy frères, usine Noyon, 18, rue des Salines, Calais.

Duquenoy et fils, 146, rue des Soupirants, Calais.

Dyru (Joseph), 91, rue du Four-à-Chaux, Calais.

Dusantoir (Alphonse), 91, rue du Four-à-Chaux, Calais.

Dusantoir et Michel, 92, rue du Vauxhall, Calais.

Duvauchelle (Aug.), 58, rue Chanzy, Calais.

Duhazé (Ernest), 9, rue du Cosmorama, Calais.

Edouard et Cie, 20 *bis*, rue de la Tannerie, Calais.

Elleboode et Toron, usine Noyon, 1 et 3, rue des Salines, Calais.

Flagollet (A.), 22, rue de la Tannerie, Calais.

Fontaine (Albert), 65, rue des Soupirants, Calais.

Fontaine (Edmond), 174, rue Valenciennes, Calais.

Fontaine (Ernest), 136, boulevard Lafayette, Calais.

Fontaine (Henri) (Vve), 81, rue du Temple, Calais.

Francès et Cie, 2, rue du Vauxhall, Calais.

Gaillard (Modeste), 6, rue du Pont-Lottin, Calais.

Gareau (Alfred), 2, rue des Fleurs, Calais.

Gareau (Alphonse), 19, rue Auber, Calais.

Germe (Alphonse), 117, rue Van Grutten, Calais.

Gest Delhaye, 123, rue Van-Grutten, Calais.

Gest frères, 120, rue Martyn, Calais.

Gest-Hall, 23, rue du Temple, Calais.

Gest Lanoy, 9, rue de Vic, Calais.

Goré (Antoine), 136, boulevard Lafayette, Calais.

Gorret (Alfred), 33, rue Chanzy, Calais.

Gressier (Arthur), 4, rue de la Pomme-d'Or, Calais.

Griset, 161, rue du Vauxhall, Calais.

Guerlain (Vve), 4, rue Darnel, Calais.

Guerlin (Emile) et Cie, 54, boulevard Lafayette.

Guilbert (Th.), 57, rue des Prairies, Calais.

Guislain frères, 9, rue Neuve, Calais.

Hacquet (Emile), 7, rue Tissandier, Calais.

Hanne (Victor), 38, rue Auber, Calais.

Hembert (Georges), 150, rue des Quatre-Coins, Calais.

Hembert et Cie, 150, rue des Quatre-Coins, Calais.

Hénon (R.), 83, rue des Quatre-Coins, Calais.

Henquez, 13, rue Neuve, Calais.

Heude-Hall, 31, rue des Quatre-Coins, Calais.

Heude (Henri), 92, rue du Vauxhall, Calais.

Hocquette (Gustave), 9 et 11, rue du Cosmorama, Calais.

Houdart (François), 31, rue des Soupirants, Calais.

Houzel (Auguste), 9, rue Auber, Calais.

Hutin (Marceau), 1, boulevard Gambetta, Calais.

Isaac Blanquart, 47, rue Moulin-Brûlé, Calais.

Isaac et Cie, usine Noyon, 10, rue des Salines, Calais.

Joyez et Duquenoy, 30 et 32, rue Masséna, Calais.

Kent et Young, 5, rue Auber, Calais.

Kerkove (A.), 67, rue du Temple, Calais.

Landron (Emile), usine Noyon, 9, rue des Salines, Calais.

Lapierre (Edouard), 19, rue Auber, Calais.

Lapierre (Eugène), 14, rue du Petit-Paris, Calais.

Laporte (Félix), 136, boulevard Lafayette, Calais.

Lapôtre (Adolphe), 45, rue des Quatres-Coins, Calais.

Lapôtre (Vve) et Cie, 9, rue Mortet, Calais.

L. de la Routière, 13, rue Neuve, Calais.

Larivière, 4, rue de la Tannerie, Calais.

Lassus et Derender, 91, rue du Four-à-Chaux, Calais.

Laurent (Emile), 31, rue des Communes, Calais.

Lavoine (Pierre), 58, rue Auber, Calais.

Lavoye (Emile), 82, rue des Quatre-Coins, Calais.

Lebas (Léon), 65, rue des Soupirants, Calais.

Lebas (Tiburce), 43, rue des Quatre-Coins, Calais.

Lebez (Léon), 40, boulevard Lafayette, Calais.

Leclercq (Jules), 11, rue des Quatre-Coins, Calais.

Lefebvre (Charles), usine Noyon, 106, rue des Salines, Calais.

Lefranc (Auguste), 1, boulevard Gambetta, Calais.

Legrand, 58, rue Chanzy, Calais.

Legros (E.), 10, rue Delaroche, Calais.

Lelièvre (Jules), usine Noyon, 38, rue des Salines, Calais.

Lemaire (Albert), 88, rue du Vauxhall, Calais.

Lemaire (André), 35, rue du Temple, Calais.

Lenclos (Lucien), 92, rue du Vauxhall, Calais.

Lengrand-Delattre, 58, rue Chanzy, Calais.

Lemaitre et Hède, 22, rue de la Tannerie, Calais.

Lemaitre (Henri), 78, rue du Vauxhall, Calais.

Leroy (Edouard), 39 *bis*, rue du Vauxhall, Calais.

Leuliette (Alphonse), 6, rue du Jardin-des-Plantes, Calais.

Leuliette et Cie, 12, rue de l'Espérance, Calais.

Levert et Cie, 1, boulevard Gambetta, Calais.

Liebaert frères, 52, rue des Salines, Calais.

Lhirondelle frères, 20, rue de la Tannerie, Calais.

Lhote (Ernest), usine Noyon, 112, rue des Salines, Calais.

Machart, 157, rue des Quatre-Coins, Calais.

Maniez (Vve), usine Noyon, 102, rue des Salines, Calais.

Maniez (Victor), 31, rue des Communes, Calais.

Marcq et fils, 92, rue du Vauxhall, Calais.

Martin (L.) et fils, 73, rue Denis-Papin, Calais.

Masset (Ed.), 44, rue Espérance, Calais.

Maubert (C. et G.), 47, rue du Moulin-Brûlé, Calais.

Maugé (Léon), 13, rue Neuve, Calais.

Maugé Sœurs, 88, rue du Vauxhall, Calais.

Meurillon, 16, rue Neuve, Calais.

Ménart, 71 *bis*, rue de Vic, Calais.

Mignien (Albert), 17, rue Verte, Calais.

Mignien (Ed.) (Vve), usine Noyon, 100, rue des Salines, Calais.

Monthuy (François), 38, rue Van-Grutten, Calais.

Mormentyn (Henri), usine Noyon, 25, rue des Salines, Calais.

Mussel (G.) (Vve), 45, rue de la Tannerie, Calais.

Noël (Albert), 22, rue Valenciennes, Calais.

Norcel et Piedfort, 88, rue du Vauxhall, Calais.

Noyer (Félix), 92, rue du Vauxhall, Calais.

Noyon (Gustave), rue des Salines, Calais.

Noyon (Lucien), 140, rue des Quatre-Coins, Calais.

Oudart (René), 57, rue du Temple, Calais.

Parmentier (G.), 88, rue du Vauxhall, Calais.

Parenty-Cadart, 18, rue du Temple, Calais.

Paringaux (Ernest), 16, rue d'Orléans, Calais.

Paringaux (J.), 37, rue Lavoisier, Calais.

Payen (Robert), 136, rue Lafayette, Calais.

Pecqueux et Cie, 91, rue du Four-à-Chaux, Calais.

Pellet (A.), 91, rue du Four-à-Chaux, Calais.

Picout et Cie, 72, rue Neuve, Calais.

Pilard (Paul), 9 et 11, rue Cosmorama, Calais.

Pinet, fils, 47 *bis*, rue de la Tannerie, Calais.

Pinet et Cie, 13, rue Neuve, Calais.

Pollet (Etienne), 1, rue Gustave-Cuveller, Calais.

Poret frères, 2, rue des Fleurs, Calais.

Poret (M.), 49, rue de Vic, Calais.

Puget et Cie, 42, rue Neuve, Calais.

Queval (Léon), 54, rue Chanzy, Calais.

Ranson (Emile), usine Noyon, 73, rue des Salines, Calais.

Rault (Jules), 14, rue de la Tannerie, Calais.

Ravenel (Félix), 104, rue des Quatre-Coins, Calais.

Ravisse et Cie, 35, rue des Quatre-Coins, Calais.

Recq (Ch.), 136, boulevard Lafayette, Calais.

Regent (Gustave), 140, rue Van-Grussen, Calais.

Renault (G.), usine Noyon, 140, rue des Salines, Calais.

Renaux et Cie, 1, rue Charost, Calais.

Renier (E.), 53, rue du Temple, Calais.

Revel (Elie), 92, rue du Vauxhall, Calais.

Revel (Paul), 9, rue Charost, Calais.

Richez et Wood, 20, rue Jardin des Plantes, Calais.

Riechers (A.) et fils, 123, rue Lafayette, Calais.

Ringot (Léon), usine Noyon, 37, rue des Salines, Calais.

Royer (J.), 9, rue Auber, Calais.

Rouszel et Cie, 6, rue Caillette, Calais.

Rouzé (Ch.), 117, rue Van-Grutten, Calais.

Rullier (O.), rue Van-Grutten, Calais.

Ruet (Eugène), 40, rue Lafayette, Calais.

Sailly (Martial), usine Noyon, 42, rue des Salines, Calais.

Saint Arthur, 47, rue du Temple, Calais.

Salan, 12, rue Caillette, Calais.

Salembier et Toussaint, 24 *bis*, rue de la Tannerie, Calais.

Samson (Eug.), 92, rue du Vauxhall, Calais.

Sauvage, 66, rue des Quatre-Coins, Calais.

Savary (A.), rue du Moulin-Brûlé, Calais.

Saywell, 91, rue du Four-à-Chaux, Calais.

Schwabe (Aug.), 54, rue Neuve, Calais.

Selinque (Emile), 13, rue Neuve, Calais.

Selingue (Ernest), 19, rue Auber, Calais.

Sénicourt (Ch.), 38, rue Van-Grutten, Calais.

Servanton (A.), 23, rue de la Vendée, Calais.

Sgard, 157, rue des Quatre-Coins, Calais.

Sion (Pierre), 23, rue de la Vendée, Calais.

Smith (Robert), 4, rue Gustave-Cuvelier, Calais.

Soubité, 58, rue du Moulin-Brûlé, Calais.

Stiyal (Henri), 11, rue Charost, Calais.

Stubbs (Francis) (Vve), 2, rue des Fleurs, Calais.

Stubbs (W.) et fils, 29, rue du Moulin-Brûlé, Calais.

Sury et Cie, 97, rue des Bienvenus, Calais.

Tabary, Théret et Mouron, boulevard Lafayette, 46.

Taufour, usine Noyon, 16, rue des Salines, Calais.

Thuillier (F.), usine Noyon, 65, rue des Salines, Calais.

Tourneur frères, 74, rue des Quatre-Coins, Calais.

Topham (W.), 58, rue de Vic, Calais.

Towlson-Fontaine, 1, boulevard Lafayette, Calais.

Trouille (H.), 57, rue du Temple, Calais.

Turpin (Ch.), 52, rue Château-d'Eau, Calais.

Vampouille et Duquenoy, 22, rue des Quatre-Coins, Calais.

Vancutsem (Albert), 92, rue du Vauxhall, Calais.

Vancutsem (Henri), 1, rue Gambetta, Calais.

Vandemalle (Jules), 9 et 11, rue Cosmorama, Calais.

Varez (H.), 10, rue Auber, Calais.

Vanhove, 12, rue du Moulin-Brûlé, Calais.

Vandercruysse et Duquenoy, 58, rue du Moulin-Brûlé, Calais.

Vasseur (A.), 51, rue des Soupirants, Calais.

Vasseur (Ch.) (Vve), 1, rue Gambetta, Calais.

Vasseur (Emile), 2, rue Sambor, Calais.

Verdier, fils et Cie, 117, rue Van-Grutten, Calais.

Vermeulen (M.), 19, rue Auber, Calais.

Verschaffel, 48, rue de la Tannerie, Calais.

Verwaërde (H.), 136, boulevard Lafayette, Calais.

Vieillard, frères, 51, rue du Temple, Calais.

Wasselin, 26, rue Masséna, Calais.

Wattney (A.) et fils, 84, rue Cosmorama, Calais.

West (Albert), 54, rue Chanzy, Calais.

West John (Vve) et Cie, 17, rue Neuve, Calais.

West (Robert) et Cie, 31, rue du Temple, Calais.

West William, 53, rue du Temple, Calais.

Williot (Albert), 7, rue Caillette, Calais.

Wissocq (Arthur), 92, rue du Vauxhall, Calais.

Wissocq (Edmond), 62, rue Neuve, Calais.

Wrighten (J.), 9 et 12, rue du Four-à-Chaux, Calais.

Whitmarsh (Ch.), 54, boulevard Lafayette, Calais.

Yard (Oscar), 5, boulevard Gambetta, Calais.

---

48. — Chambre Syndicale Patronale de l'Industrie Textile de Vienne.

3, rue de la Chaîne, Vienne (Isère).

Téléph. **3.96.**

Bureau :

MM. J. Silvestre, président.
J. Ramet, vice-président.
Pivard, vice-président.
Gery, secrétaire.
Journaud.

Délégués à l'Union :

MM. J. Silvestre, président ; F. Vacanay ; Favrot.
Gratel, secrétaire administratif.

Membres :

Fabricants de draps.
MM.
Albrand, rue de Gère. — Tél. 3.45.
Berger et Oriol, quai de Gère.
Brenier et Moreynas, rue Vimaine. — Tél. 0.10.

Bertholat, 110, rue Serpaize.
Blondel, rue Jacquart. — Tél. 2.25.
Bonneton, 5, rue Jacquart. — Tél. 3.33.
Boudier, rue d'Avignon. — Tél. 2.28.
Bouvard et Cie, Pont-Evêque. — Tél. 0.58.
Bouvier (F.), rue Rochebrun. — Tél. 0.33.
Castagnier et Cie, rue Jacquard.
Frenay et Cie, petite rue Mercière. — Tél. 0.98.
Galland, 35, rue Victor-Faugier. — Tél. 2.82.
Gaudin frères, Gauchon.
Gulon, 37, rue Victor-Faugier. — Tél. 1.87.
Jaillet et Pivard, rue Vimaine. — Tél. 1.37.
Lachenal, rue des Colonnes.
Levet, 27, rue Victor-Faugier. — Tél. 4.26.
Maisonneuve, 6, place Saint-Sévère. — Tél. 0.52.
Martini, rue de Gère. — Tél. 4.07.
Morel et Besson, rue Victor-Faugier. — Tél. 3.97.
Ollier et Macabéo, Pont-Evêque. — Tél. 0.76.
Pascal-Valluit et Cie et Bonnier et fils réunis, rue de Lyon. — Tél. 14. Tél. 15.
Pascal-Valluit, Valluit, Colas, Silvestre (G.) et fils, rue de Lyon.
(Anciens établissements Pascal-Valluit et Cie et Bonnier (fils réunis).
Adresse postale et télégraphique : Etablissements réunis, Vienne (Isère). — Tél. 14, 15 et 35.
Giroud (J.-J.) et fils, fabrique couvertures, Serezin-du-Rhône (Isère). — Tél. 3.
Dianon et Cayrat, fabricants de draps, 15, rue de Gère.
Etablissements Cognet et Cie, fabricants de draps, Sainte-Colombe-les-Vienne (Rhône).
Petite Marius, 1, rue Saint-Martin. — Tél. 4.18.
Piolat et Collin, place Saint-Louis. — Tél. 0.25.
Piolat jeune, place Saint-Louis.
Ramet et Cie, place de la Croix-Rouge. — Tél. 0.51.
Richard et Michallet, 10, rue Jacquard. — Tél. 2.10.
Rieux, 1, rue de la Cocarde. — Tél. 4.16.

Seguin fils aîné, 141, rue Serpaize. — Tél. 0.57.
Seguin frères, 141, rue Serpaize. — Tél. 0.57.
Simon et Balégno, 141, rue Serpaize. — Tél. 61, 3.97.
Thomas, 4, rue de Gère. — Tél. 1.92.
Tissandier et Perrochat, 18, quai de Gère. — Tél. 3.43.
Vaganay frères, 10, rue Saint-Martin. — Tél. 0.49.
Vallin frères, quai de Gère. — Tél. 2 92.
Vallin (Eugène), rue Victor-Faugier. — Tél. 3.87.
Valluit et Dubuis, 1, rue Joseph-Martin. — Tél. 4.33.
Varnoud, 7, rue Jacquard. — Tél. 1.80.
Vasserot-Merle, Leveau. — Tél. 3.55.
Bellot (Vve), Fabricant de feutres, rue Denfer Rochereau. — Tél. 3.40.
Jacquet et fils, Fabricants de feutre, rue Vimaine. — Tél. 0.69.
Bally, Effilocheur, Pont-Evêque. — Tél. 0.93.
Boyron, Filateur, rue Pégeron.—Tél.3.38.
Denolly, Filateur, rue Victor-Faugier. — Tél. 3.97.
Due, Filateur, Sérézin (Isère).
Dyant, Filateur, 2, rue Lafayette. — Tél. 0.74
Gaudin (Joseph), Filateur, Gauchon. — Tél. 1.81.
Miller, Filateur, Sainte Colombe. — Tél. 0.50 (vey).
Petit Presse, rue Victor-Faugier. — Tél. 1.88.
Société Anonyme de tissage, quai Riondet. — Tél. 0.17.
Société Viennoise de filature, rue Pégeron. — Tél. 2.43.
Société Anonyme de filature, rue Lafayette. — Tél. 0.36.
Société Anonyme d'apprêts, 15, rue de Gère. — Tél. 0.54.
Société Anonyme d'effilochage, rue Lafayette. — Tél. 0.97.
Teinturerie Viennoise, rue Macably.
Société Anonyme de foulons et d'apprêts, rue Joseph-Martin.
Société Industrielle textile, Sainte-Colombe. — Tél. 2.49.
Société de façonnage, quai de Riondet.
Bouzon, Epailleur, Pont-Evêque.
Curtaud, Apprêteur, passage du Gauchon. — Tél. 2.56.
Prévost, Négociant en chiffons, 56, rue Lafayette. — Tél. 4.17.

Géry, Négociant en chiffons, rue Vimaine. — Tél. 0.55.

Journaud, Epailleur, Pont-Evêque. — Tél. 536.

---

49. — Syndicat patronal des Industries Textiles du rayon de Cholet.

16, rue Pachaumont, Paris.

TÉLÉPH. 0.01.

Bureau :

MM. R. PELLAUMAIL, président.
A. RICHARD, vice-président.
F. BOUET, secrétaire-trésorier.

Délégués :

MM. R. PELLAUMAIL, rue Nationale, Cholet; RICHARD, rue du Devau, Cholet; BOUET, rue de Pineau, Cholet.

Membres :
MM.

Allereau (A.), manufacturier, 80, rue Nationale, Cholet. — Tél. 17.

Allereau (G.), manufacturier, rue du Devau, Cholet. — Tél. 75.

Augereau (Ch.), manufacturier, 2, rue Saint-Bonaventure, Cholet. — Tél. 2.01.

Bouët (F.), manufacturier, 8, rue de Pineau, Cholet. — Tél. 10.

Giboin-Coubard, teinturier, 8, rue Porte-Baron, Cholet. — Tél. 15.

Giboin-Tailbuis, teinturier, rue de Bourgneuf, Cholet. — Tél. 1.20.

Maret (L.), manufacturier, rue du Paradis, Cholet. — Tél. 42.

Pellaumail-Moutel, manufacturier, rue Nationale, Cholet. — Tél. 01.

Richard (frères), 19, rue du Devau, Cholet. — Tél. 03.

Vilain (Vve et fils), manufacturier, 1, rue Saint-Martin, Cholet. — Tél. 57.

Loyer (G.), blanchisseur, Mocrat, route de Nantes, Cholet. — Tél. 1.14.

Renou (frères, manufacturiers, Mortagne-sur-Sèvre (Vendée). — Tél. 4.

---

50. — Chambre syndicale des fabricants de produits d'amiante.

10, rue de la Pépinière, Paris (VIIIe).

TÉL. Wagram 48-76.

Bureau :

MM. CHAPLET, officier de la Légion d'honneur, président.
GUÉRIN, vice-président.
Louis HOREAU, secrétaire.

Délégués :

MM. CHAPLET, président de la Compagnie française de l'amiante du Cap, Laval (Mayenne); André GUÉRIN, administrateur-délégué de la société « La Française » à Clermont-Ferrand; Louis HOREAU, 10, rue de la Pépinière, Paris.

Membres :
MM.

Auger-Barbe et Cie, rue Nationale, Condé-sur-Noireau (Calvados). — Tél. 8.

Compagnie française de l'amiante du Cap, 2, rue d'Anvers, Laval (Mayenne). — Tél. 8.

Succursale de la Compagnie française de l'amiante du Cap, 8, rue Favart, Paris. — Tél. central 13.24.

Société française de l'amiante, 18, rue de la Gare à Flers-de-L'Orne (Orne). — Tél. 27, à Flers.

Dubois fils et Cie, Avallon (Yonne). — Tél. 31.

Etablissements Hamelle-Vivien, Saint-Pierre-les-Elbeuf (Seine-Inférieure). — Tél. Elbeuf 33.

Fibrociment, 9, rue Chaptal, Paris. — Tél. gut. 09.49.

Muller (René), Bretigny (Côte-d'Or). — Tél. 3.

Piques, Poncey-sur-l'Ignon, par Saint-Seine-l'Abbaye (Côte-d'Or). — Tél. 1.

Société « La Française », 8, place Jaude, Clermont-Ferrand (Puy-de-Dôme). — Tél. 9.

51. — Chambre syndicale des fabricants de bonneterie de Falaise.

à Falaise (Calvados).

————

Délégué à l'Union :

M. Ameline, à Falaise.

Membres adhérents :
MM.
Ameline, à Falaise.
Baloud frères, à Falaise.
Barthelemy (Mme Vve), à Falaise.
Cliquet (Ch.), à Falaise.
Crespin (Gédéon), à Falaise.
Duclos (L.), à Falaise.
Duguey (A.), à Falaise.
Geslain-Mallet, à Falaise.
Landry frères, à Pont-d'Ouilly (Calvados).
Lecocq (Albert), à Falaise.
Letard frères, à Falaise.
Ozou-Chenot et fils, à Falaise.
Renault, à Falaise.

————

52. — Syndicat des apprêteurs, blanchisseurs et teinturiers.

à Saint-Quentin (Aisne).

————

En reconstitution.

————

53. — Syndicat des industries textiles de Laval et de la Mayenne.

13, rue Creuse, Laval.

————

Bureau et délégué à l'Union :

M. A. Masseron, président.

Membres :
MM.
Aubry, rue de la Cale, Laval.
Beek (A.), à la Fournière, Laval.
Boissel (Joseph), au Frêne, Laval.
Bretonnière (Louis), rue de Boetz, Laval.
Duchemin, Avesnières (Mayenne).
Feinte-Hebon, 20, quai Paul-Boudet, Laval.
Gastine, Change-les-Laval.

Guinard-Guyon, promenade de Changé, Laval.
Lanes (H.), place d'Hercé, Laval.
Masseron (A.) et Chevrier (M.), 66, quai d'Avesnière, Laval.
Société anonyme des coutils de Laval et Mayenne, 158, rue Victor-Boissel, Laval.
Société anonyme des filatures de Laval, Boetz (Mayenne).
Vallet (L.) rue de l'Evêché, Laval.

————

54. — Syndicat des fabricants de toiles d'Armentières, Houpelines et localités environnantes.

63, rue de la Boétie, Paris.

Téléph. 17.60 Élysées.

————

Bureau :

MM. Louis Colombier, président.
Charles Coisne, vice-président.
Louis Bouchez, secrétaire.
Henri Duhot, trésorier.
Wecksteen, secrétaire administratif.

Délégués à l'Union :

MM. L. Colombier ; Wecksteen.

Membres :
MM.
Becquart (Henri), Houplines (Nord).
Bouchez (Louis), 40, rue Gauthier-de-Châtillon, Lille.
Brisoux et Cie, rue du Château, Boulogne-sur-Mer (Pas-de-Calais).
Boutry-Cardon et Fauverghe, 125, rue de Paris, Lille.
Charvet (A. et P.), 48, rue de Flandre, Armentières (Nord).
Coisne et Lambert, Choisy-le-Roi (Seine).
Colombier (Louis) et Cie, 13, rue de Thérouanne, Hazebrouck (Nord).
Dansette (André et Emile), 19, rue d'Uzès, Paris.
Dansette (Henri), 98, rue Royale, Lille.
Decroix frères, 1, rue Lestiboudois, Lille.
Dubois (J. et M.), 22, rue du Molinel, Lille (Nord).
Dufour-Deren, 2, rue du Pont de Beauvais, Armentières.
Dufour-Lescornez (V.) et fils, 5, rue Jacquemar-Giélée, Lille.

Duhot, 20, rue du Sentier, Paris.

Feinte et fils et Beaujeu, 46, rue Lionnaise, Angers (Maine-et-Loire).

Honnart et Bloeme, Armentières (Nord).

Mahieu (A.), rue de la Gare, Armentières.

Rogeau (Ch. et Ach.), 7, rue Nationale, Armentières.

Rogeau ainé, rue des Tours, Lille.

Ruyant (H.), 20, rue d'Holbach, Lille.

Salmon (A.), 5, rue de Thionville, Lille.

Société industrielle de la Lys, Gille (A.), administrateur-délégué, 15, avenue Bosquet, Paris.

Becquart et Turpin (Achille), Houplines (Nord).

Vernay (C.) et Cie, 16, rue de Strasbourg, Armentières.

Watrelot (Emile), Armentières (Nord).

Société armentiéroise des tissages réunis, 29, rue du Louvre, Paris.

---

55. — Association des Fabricants de Tulles, Dentelles, Guipures de Caudry (Nord).

90, rue Neuve, à Caudry.

Téléph. 181.

Bureau du Secrétariat :

236, rue de Saint-Quentin à Caudry.

Téléph. 87.

Bureau :

MM. René Posselle, président d'honneur.

Gaston Dassonville, président.

Camille Coupé, vice-président (section dentelles).

Eugène Phisette, vice-président (section tulles unis et grecs).

Jules Carré, administrateur-délégué.

Léon Piettre, trésorier.

Délégués à l'Union :

MM. G. Dassonville, président à Caudry; Lucien Grifre, secrétaire-adjoint, à Caudry.

Membres Adhérents :

Dentelles.

MM.

Beauvillain (Barthélemy), rue de Valenciennes, Caudry.

Beauvillain Arthur (Vve), rue d'Alsace, Caudry.

Bélot-Paringaux, rue Neuve, Caudry.

Bélot (L.) et Cie, rue Vaucanson, Caudry. — Tél. 140.

Bélot (Achille), rue d'Avesnes, Caudry. — Tél. 213.

Bélot-Ruol, rue de Lorraine, Caudry. — Tél. 110.

Béra (Paul), rue de Cambrai, Ligny en Cambrésis.

Bodhuin Larivière, rue Nationale, Caudry. — Tél. 72.

Bodhuin-Cordonnier, rue Bonneville, Caudry.

Bodhuin-Messager, rue Gambetta, Caudry.

Bodhuin-Taisne, rue de Saint-Quentin, Caudry.

Bombart (Maurice), rue Nationale, Caudry. — Tél. 66.

Boot (James), rue de Saint-Quentin, Caudry. — Tél. 59.

Boudoux (Abélard), rue Fourrier, Caudry.

Bourgeois (François), rue Gambetta, Caudry.

Bracq (Daniel), rue Curie, Caudry.

Bracq-Denecher (Vve), rue Curie, Caudry.

Bracq-Loubert, rue de Saint-Quentin, Caudry.

Bricourt (Emile), Grand'place, Caudry. — Tél. 46.

Bricout-Lemaire, rue de Valenciennes. Caudry. — Tél. 11.

Bricout (frères), rue Gambetta, Caudry.

Bricout (Amédée), rue Jacquard, Caudry.

Bricout (Henri), rue Neuve, Caudry. — Tél. 102.

Bricout-Loiseaux, rue d'Alsace, Caudry.

Bricout-Soufflet, rue Nationale, Caudry.

Bretez (Ernest), rue Nationale, Caudry.

Carré-Preux, rue Neuve, Caudry.

Cardon (Victor), rue de Ligny, Caudry. — Tél. 28.

Carpentier (Amédée), rue André, Caudry.

Carpentier (Arthur) et Cie, rue André, Caudry.

Carpentier François (Vve), rue J.-J.-Rousseau, Caudry.

Canonne-Plez, rue de Valenciennes, Caudry.

Claisse-Henninot, rue André, Caudry. — Tél. 24.

Claisse-Vilain (Vve), rue André, Caudry.

Cordier (Edouard), rue André, Caudry. — Tél. 81.

Cordonnier (Louis), rue Bonneville, Caudry.

Cordonnier (Victor), rue Nationale. — Tél. 24.

Cornevin (Charles), rue Voltaire, Caudry.

Coupé (Camille), rue Carnot, Caudry.

Courtois-Fontaine, rue Neuve, Caudry.

Courtois (Octave), rue Vaucanson, Caudry.

Dangon (V.) et Cie, rue J.-J.-Rousseau, Caudry.

Dassonville et Pigou, rue de Saint-Quentin, Caudry. — Tél. 133.

Dauchet (Gustave), rue Pasteur, Caudry.

Décaudin-Soyez, rue d'Alençon, Caudry.

Declercq et Vitrant, rue Nationale, Caudry. — Tél. 74.

Défossez-Duquesne, rue de Calais, Caudry.

Deloffre-Jacqmin, rue du Tramway, Caudry.

A. Delacourt et Cie, rue Gambetta, Caudry.

Denoyelle (Léon), rue Saint-Quentin, Caudry. — Tél. 20.

Desprets (Charles), rue Zola, Caudry.

Dumoulin (Eugène), rue de Valenciennes, Caudry. — Tél. 27.

Dupoisson (Louis), rue Nationale, Caudry.

Fontaine-Carpentier, Grand'place, Caudry.

Fontaine (Victor), rue Pasteur, Caudry.

Fouquart (Adolphe), rue de Saint-Quentin, Caudry. — Tél. 132.

Galet-Delacourte, rue Neuve, Caudry.

Gabet (Léonce), rue de Saint-Quentin, Caudry.

Gabet-Carpentier (R.), Grand'Place, Caudry. — Tél. 131.

Gabet Devouge, rue Nationale, Caudry. — Tél. 8 (Maison à Paris, 10, rue du Sentier).

Gentis (J. E.), rue Nationale, Caudry.

Grattepanche (Charles), rue du Tramway, Caudry.

Hallette Eugène (Vve) et Cie, rue de Saint-Quentin, Caudry. — Tél. 54.

Herlem-Déjardin, rue de Saint-Quentin, Caudry.

Hernould (N.) et Cie, rue Nationale, Caudry.

Jacquemin (Gaston), rue Gambetta, Caudry.

Kaestlin et Oblin, frères, rue de Saint-Quentin, Caudry.

Labbé (François), rue du tramway, Caudry. — Tél. 203.

Laude (L. et H.), rue de Valenciennes, Caudry. — Tél. 103.

Laude (Jacques), rue de l'Egalité, Caudry.

Ledieu (Paul), rue de Valenciennes, Caudry.

Lefebvre-Couturier, rue Nationale, Caudry.

Lefebvre (Agathange), rue André, Caudry.

Legrand (Jules), rue de Valenciennes, Caudry.

Legrand (Vve Louis), rue de Saint-Quentin, Caudry.

Lemaire (François), rue Nationale, Caudry. — Tél. 127.

Leprêtre-Boucly, rue de Saint-Quentin, Caudry.

Lépine-Fontaine, rue Jacquard. Caudry.

Loiseaux (Gustave), rue de Saint-Quentin, Caudry.

Lozé Régis, rue Gambetta, Caudry.

Machu (Maurice), rue de Valenciennes, Caudry.

Marion (L.), rue de Saint-Quentin, Caudry.

Mathieu (Eug.), rue Neuve, Caudry.

Messager-Bauchard, rue Gambetta, Caudry.

Messager (Louis), rue Neuve, Caudry.

Messager (J.-Baptiste), rue de Saint-Quentin, Caudry.

Moity Denhez, rue Négrier, Caudry. — Tél. 206.

Moity-Noiret, rue Négrier, Caudry.

G. Mollnier, rue d'Alsace, Caudry.

Plettre (Léon), rue de Saint-Quentin, Caudry. — Tél. 253.

Plez (Edmond), rue de Bruxelles, Caudry.

Plez (François) et Cie, rue Gambetta, Caudry.

Pol et Carbonel, rue Nationale, Caudry. — Tél. 112.

Posselle (Achille) et Cie, rue André, Caudry. — Tél. 0.35

Rey (Henri), rue de Saint-Quentin, Caudry.

Richez (Achille), fils et Cie, rue de Venise, Caudry.

Richez-Bracq, rue de Cambrai, Caudry.

Soufflet (Optat), rue de Valenciennes, Caudry. — Tél. 29.

Tassou-Dubois, rue Château, Coudray. — Tél. 202.

Tofflin (L.) et Cie, rue d'Avesnes, Caudry. — Tél. 25.

Trocmé et Beauvillain, rue de Valenciennes, Caudry.

Vallez Delpierre, rue Curie, Caudry.

Vallez (Edouard), rue du Tramway, Caudry.

Vilain (Gaston) et Cie, rue Bonneville, Caudry. — Tél. 73.

Wanecq Carpentier, rue de l'Industrie, Caudry. — Tél. 23.

Wanecq-Lasson, rue Neuve, Caudry.

Tulles Unis et Grecs.

Basquin (Charles), rue Faidherbe, Caudry.

Beauvillain (François), rue Nationale, Caudry.

Beauvillain (Léonce), rue Saint-Quentin, Caudry.

Béra (Georges), rue Neuve, Caudry.

Béthune-Cardon, rue de la Liberté, Caudry. — Tél. 139.

Bodhuin-Larivière, rue Nationale, Caudry. — Tél. 72.

Bodhuin-Béra, Clary.

Bombart (Maurice), rue Nationale, Caudry. — Tél. 66.

Bosquet (Aimable), rue Neuve, Caudry. — Tél. 49.

Bracq-Loubert, rue de Saint-Quentin, Caudry.

Bracq-Payen, rue André, Caudry.

Bracq (Louis), rue Neuve, Caudry. — Tél. 167.

Bracq (Léon), rue Nationale, Caudry.

Bricout (Henri), rue Neuve, Caudry. — Tél. 102.

Carré (Jules), rue de Valenciennes, Caudry. — Tél. 228.

Carpentier et Preux, rue de Bruxelles, Caudry. — Tél. 31.

Claisse-Henni, rue André, Caudry. — Tél.

Clément-Delacourt, rue du Château, Caudry.

Coplo (Auguste), rue St-Quentin, Caudry.

Cordier (Edouard), rue André, Caudry. Tél. 81.

Coupé (Eugène), rue Carnot, Caudry. — Tél. 161.

Hutin (Arthur), rue Nationale, Caudry. — Tél. 77.

David, Maigret et Donon, route de Ligny, Caudry. — Tél. 141.

Debarge Cauvain, rue Voltaire, Caudry.

Declercq et Vitrant, rue Nationale, Caudry. — Tél. 74.

Déjardin (Léon), rue André, Caudry. — Tél. 183.

Delacourt-Clément, rue de Valenciennes, Caudry.

Delille-Lefèvre, rue de Valenciennes, Caudry. — Tél. 290.

Depreux-Carpentier (Vve), rue André, Caudry.

Depreux frères, rue de Saint-Quentin, Caudry.

Douay (Gaston), rue Vaucanson, Caudry.

Douchez (Ch.), rue d'Avesnes, Caudry. — Tél. 69.

Flament (Charles), rue J.-J.-Rousseau, Caudry.

Fontaine-Carpentier, Grand'Place, Caudry.

Fontaine (Augustin) et Cie, rue Bonneville, Caudry.

Fontaine (Paul), rue Vaucanson, Caudry.

Gabet-Carpentier (René), Grand'Place, Caudry. — Tél. 131.

Galet (Léonce), rue St-Quentin, Caudry.

Gabet-Devouge, rue Nationale, Caudry. — Tél. 8. — *Maison à Paris, 16, rue du Sentier.*

Gobron (Henri) et Cathier (Albert), rue de Venise, Caudry.

Godecaux (Arthur), rue de Saint-Quentin, Caudry; 1, rue Donnée, Lyon.

Hallette Eugène (Vve) et Cie, rue de Saint-Quentin, Caudry. — Tél. 51.

Décupère et Cie, rue Voltaire, Caudry. — Tél. 146.

Herlemont (G.), rue Neuve, Caudry. — Tél. 183.

A. Noizet, Beauvois-en-Cambrésis. — Tél. 215.

Idée, Méresse et Cie, rue Berthelot, Caudry.

Klein, rue de Lorraine, Caudry. — Tél. 287.

Lapierre (Charles), rue de Saint-Quentin, Caudry. — Tél. 1.

Larivière, Calais (Pas-de-Calais).

Lebez (Alexandre), rue Vaucanson, Caudry. — Tél. 68.

Ledieu (Fernand), rue du Progrès, Caudry.

Ledieu (Paul), rue de Valenciennes, Caudry.

Leduc Frison (Vve), rue Faidherbe, Caudry.

Lemaire (H.), rue Nationale, Caudry.

Leprêtre (François), rue Leavers, Caudry.

Limos (Vve), rue de l'Egalité, Caudry.

Loncq (Théophile), rue Gambetta, Caudry.

Loncq (Victor), rue Nationale, Caudry.

Mélayers et Quennesson, rue d'Avesnes, Caudry. — Tél. 193.

Morcrette-Ledieu (Vve), rue André, Caudry.

Pigot (Damas), rue de Saint-Quentin, Caudry.

Plez (Léon), rue Négrier, Caudry.

Plé (Paul), 12, faubourg Poissonnière, Paris.

Plez (Gustave), rue Faidherbe, Caudry. — Tél. 115.

Plez (François), et Cie, rue Gambetta, Caudry.

Plez (Edmond), rue de Bruxelles, Caudry.

Poirier, rue Nationale, Caudry.

Posselle (Achille) et Cie, rue André, Caudry. — Tél. 0.35.

Prissette (Eugène), rue Louise-Michel, Caudry. — Tél. 291.

Renard-Chatelain, rue Gambetta, Caudry. — Tél. 111.

Rousseau Wilmot, rue Curie, Caudry. — Tél. 180.

Rousseau (Irénée), rue Curie, Caudry.

Sandras (Paul), rue Nationale, Caudry.

Soufflet (Optat), rue de Valenciennes, Caudry. — Tél. 20.

Soyez (Henri), fils, rue Nationale, Caudry.

Tilmant (Henri), place Thiers, Caudry. — Tél. 4. — *Maison à Paris, 35, rue Bergère.*

Veersé (Antony), rue Négrier, Caudry. — Tél. 258.

Vilain (Gaston) et Cie, rue Bonneville, Caudry. — Tél. 73.

Guipures.

Carpentier et Preux, rue de Bruxelles, Caudry. — Tél. 34.

David, Malgret et Donon, route de Ligny, Caudry. — Tél. 141.

---

56. — Chambre Syndicale des Fabricants de draps et Couvertures Militaires.

8, rue Montesquieu, Paris.

Bureau :

MM. Vincent VITALIS, président.
Jean BALSAN, vice-président.
J. MIQUEL, secrétaire.
Maurice HARLACHOL, trésorier.
TOURNAFOND, secrétaire-adjoint.
MIGNON-FALIZE, secrétaire-adjoint.

Membres du Comité :

MM. Casimir MAISTRE, Villeneuvette (Hérault); Charles RACHOU, Camarès-sur-Dourdon (Aveyron); Ernest BLIN, Elbeuf (S.-I.); Robert LEFEBVRE, Elbeuf (S.-I.); F. VARGAS-AU-MOUSSEAU (Société des usines de Pierrepont), Lèves (Eure-et-Loir).

Délégués à l'Union :

MM. VITALIS, Lodève (Hérault); J. BALSAN, 6, rue Molière, Paris; Jules TEISSERENC, manufacturier, Lodève (Hérault); Charles RACHOU, manufacturier, Camares (Hérault).

Membres :
MM.
Blin et Blin, Elbeuf (S.-I.). — Tél. 0.26.
Bourgeois (Th.) et fils, Elbeuf (S.-I.). — Tél. 0.95.
Caldier (Victor), Saint-Afrique (Aveyron). — Tél. 23.
Delpon et Bruguière, Clermont-l'Hérault (Hérault). — Tél. 16.
Société anonyme des Etablissements Balsan, Châteauroux (Indre). — Tél. 2. — *Dépôt à Paris: 6, rue Molière, Paris,* Ier *arr*t. — Tél. Gutem. 46.02.
Société anonyme des Etablissements Donnadille, Bédarieux (Hérault). — Tél. 19.
Fraenckel et Herzog, Elbeuf (S.-I.). — Tél. 0.47.
Jeuffrain, père et fils, Louviers (Eure). Tél. 1.08.
Société anonyme des établissements Laval et Lecamus Réunis, Castres-sur-Agout (Tarn). — Tél. 0.30.
Lecallier fils, Elbeuf (S.-I.). — Tél. 0.58.
Lefebvre (Robert), Elbeuf (S.-I.). — Tél. 0.61.

62   UNION TEXTILE.

Les fils de Jules Maistre, Villeneuvette (Hérault). — Tél. 3.

Miquel (J.) et fils, Louviers (Eure). — Tél. 0.14.

Nivert (E.) et Cie, Elbeuf (S.-I.). — Tél. 0.69.

Normant (B.), Romorantin (L.-et-C.). — *Dépôt à Paris : 57, rue de Rivoli.* — Tél. Gutem. 58.69.

Olivier (H.) et Picard (G.), Elbeuf (S.-I.). — Tél. 0.75.

Pouroy-Pesle fils, Orléans (Loiret). — Tél. 0.17.

Rachou (Ch.) et fils, Camarès-sur-Dourdon (Aveyron).

Rensonet (A.) et Cie, Saint-Laurent-de-Céris (Charente). — Tél. 1.

Société des usines de Pierrepont, Pierrepont (Meurthe-et-Moselle), administrateur-délégué, Glorieux, 5, rue de la Gare, Roubaix (Nord.

Solanet (François), Saint-Geniez-d'Olt (Aveyron). — Tél. 4.

Teisserenc et Harlachol, Lodève (Hérault). — Dépôt à Paris. — Tél. Gutem. 41.83.

Thibault, frères, Elbeuf (S.-I). — Tél.1.49.

Vital et Cie, Lodève (Hérault).

Lemaire et Cie, Roubaix (Nord). — Tél. 23.27.

---

57. — Syndicat des Filateurs des Cévennes.

Alais (Gard).

Bureau :

MM. Emile ANTOINE, président honoraire.
LAURENT DE L'ARBOUSSET, président.
THÉROND-FIGUIÈRE, vice-président.
A. CAMPREDON, secrétaire.
F. SAINT-PIERRE, trésorier.

Délégués :

MM. LAURENT DE L'ARBOUSSET, président, Alais (Gard).

Membres :

MM.
Antoine (Emile), 27, boulevard Carnot, Nimes.

Azémard (S.), Ganges (Hérault). — Tél. 7.

Bayle (A.), La Liquière, par Saint-Ambroise (Gard). — Tél. 5.

Bertrand (H.), 24, rue Lafont, Lyon. — Tél. 9.57.

Les petits-fils de Bonnet, 8, rue du Griffon, Lyon. — 5.48.

Bleton (E.), Les Mages (Gard).

Boulet frères, Paris, 4, rue d'Uzès.

Bourrely (F.), Alais.

Brouilhet (H.), 6, rue Nicolas, Marseille. — Tél. 46.55.

Campredon, Alais.

Carrière (P.), Saint-André de Majencoules (Gard). — Tél. 1.

Chausse (A.), 54, Boulevard de la Blancarde, Marseille.

Combaluzier, Barjac (Gard). — Tél. 1.

Crouzet (P.), 19, rue Puits Gaillot, Lyon. — Tél. 38.

Ducros-Valette, fils, Durford (Gard).

Dumas et Martin, Lasalle (Gard). — Tél. 1.

Faget (F.), Chamborigaud (Gard).

Galtier-Figuière, Lasalle.

Guérin (Vve) et ses fils, 29, rue Puits Gaillot, Lyon. — Tél. 39.03.

Lafont (A.), Saint-Etienne, Vallée Française (Lozère).

Laporte (Albert), le Vigan (Gard).

Larguier (P.), Chamborigaud (Gard).

Laurent de l'Arbousset, Alais. — Tél. 0.45.

Marmouget, rue Taisson, Alais.

Layrisse, Alais. — Tél. 0.34.

Nouailhac, le Mazel par N.-D. de la Rouvière (Gard). — Tél. 1.

Nouailhac (Gabriel), Ganges (Hérault). — Tél. 21.

Nouailhac (Louis), Ganges (Hérault). — Tél. 16.

Palluat et Testenoire, 13, rue du Griffon, Lyon. — 4.57.

Payen et Cie, 9, rue Pizay, Lyon. — Tél. 12.28.

Silhol (René) Saint-Ambroix (Gard). — Tél. 9.

Saint-Pierre, Anduze (Gard). — Tél. 5.

Teulon-Latour, Lasalle (Gard).

Thérond-Figuière, Lasalle (Gard).

Les fils de J. Bertrand, Saint-Bauzile de Putois (Hérault). — Tél. 1.

Melle (A.), Brahic, Saint-Jean de Valériscle (Gard). — Tél. 2.

**58. — Syndicat Picard
des industries textiles à Amiens.**

Société industrielle, rue de Noyon, Amiens.

Bureau :

MM. LE CHEVALIER, président.
BARBET-MASSIN, vice-président.
J. CARMICHAEL, trésorier.
DELRUY, secrétaire.

Délégués à l'Union :

MM. LE CHEVALIER, président, 42, rue
des Sergents, Amiens; James CARMI-
CHAEL, Ailly-sur-Somme.

Membres :
MM.

Aïde, astrakan, impasse des Saintes-
Claires, Amiens.

Barbet-Massin, Popelin et Cie, tissage de
coton, Renancourt-lès-Amiens.

Bouvallet (Veuve), teinture, Saint-Mau-
rice-lès-Amiens.

Carmichael et Cie, filature et tissage de
jute, Ailly-sur-Somme.

Cosserat, tissage de toiles, blanchisserie
de fils et de toiles, tissage de velours
lisses et à côtes, duvetage, coupe mécanique et teinture, 200, rue Maberly,
Amiens. — *Maison de vente, 42, rue
des Sergents, Amiens.*

Delaroïère et Leclercq, tissage de velours
d'Utrecht et de tissus d'ameublement,
44, rue Riolan, Amiens.

Delruy, tissage de velours, 24, boulevard
du Port, Amiens.

Dequen (Henri), tissus laine et soie, 15,
rue Victor-Hugo, Amiens.

Descat, teinturier, rue Colbert, Amiens.

Desquiens (Veuve), tissage de velours de
coton, Pont-de-Metz-lès-Amiens.

Destombes (Valentin), tissus, île Saint-
Germain, Amiens.

Dewas velours de coton, tissage de velours d'Utrecht, rue Flatters, Amiens.

Dupetit (F.), et Société Le Chevalier et
Cie, teinture, apprêts, coupe mécanique de velours de coton, 43, rue Octave-
Tierce. — *Tissage mécanique et teinture, satin divers, moleskine, peau de
taupe, peau de diable, 51, rue de la
Vallée, Amiens.*

Evrat et Fussien, teinturiers, impasse
des Saintes-Claires, Amiens.

Etablissements Fremeaux, rue Saint-Leu,
Amiens. — *Tissage de velours, admi-
nistrateur : L. Allègre, rue Saint-Leu,
Amiens.*

Hubault frères, maison de vente, 53, rue
des Sergents, Amiens. — *Teinture de
velours de coton, 132, rue du Fau-
bourg-de-la-Hotoie, Amiens. — Tissage
de velours de coton, 31, rue des Ar-
chers, Amiens.*

Lecat père et fils et Mellier, tissage de
velours, Airaines. — *Maison de vente,
rue Flatters, Amiens.*

Le Chevalier et Cie, tissage de velours
de coton, rue Cardon, Amiens. — *Maison de vente, 42, rue des Sergents,
Amiens.*

Leroux, frères, tissage de velours d'U-
trecht, Montières-les-Amiens.

Société anonyme des filatures de Saint-
Epin, Saleux (Somme).

Sueur (Th.) et Cie, filature et tissage de
jute, Beauval (Somme).

Sutcliffe, frères, tissage de velours de
coton, rue Vascosan, Amiens.

Thierry père et fils, filature, Rouval-lès-
Doullens.

Unwin et Cie, filature de laine, Petit-
Saint-Jean-les-Amiens (Somme).

**59. — Union des marchands de
soie, schappes et coton de Saint-
Etienne.**

24, rue de la Bourse, Saint-Etienne.

Bureau :

MM. Charles DUPLAY, président d'hon-
neur.
Emile TARDY, président.
Mathieu CORRON, vice-président.
Vital BOYER, secrétaire.

Délégué :

Emile TARDY, président, 18, rue
de la Bourse, Saint-Etienne.

Membres :

Soies.

Boyer-Martin, 26, rue de la Bourse. —
Tél. 1.48.

Fustier et Rouvière, 30, rue de la Bourse.
— Tél. 3.74.

Gillier (P.), 7, rue de la Bourse. — Tél. 11.45.

Guérin (V.) et fils, 17, rue de la Bourse. — Tél. 5.29.

Jury (F.) et Cie, 14, rue de la Bourse. — Tél. 1.02.

May (J.) et Cie, 22, rue de la Bourse. — Tél. 1.04.

Olivier (J.-L.), 25, rue de la Bourse. — Tél. 0.21.

Poméon (J.), 15, rue de la Bourse. — Tél. 0.23.

Tardy (Emile), 18, rue de la Bourse. — Tél. 4.60.

Duplay (Charles), 30, rue de la Bourse. — Tél. 6.58.

Magand (S.), 32, rue de la Bourse. — Tél. 3.70.

Guinard (V.), 9, place Marengo. — Tél. 0.75.

Verne (A.), 6, rue de la Paix. — Tél. 4.08.

Cotons.

May (J.) et Cie.

Baleydier frères, 23, rue de la Bourse. — Tél. 0.28.

Blanchard (J.) et fils, 5, place Marengo. — Tél. 1.55.

Corron (Mathieu), 3, rue de la Bourse. — Tél. 0.35.

Durand (Gabriel), 9, rue de la Bourse. — Tél. 1.62.

Reymondier (P.), 10, place Marengo. — Tél. 0.14.

---

60. — Chambre Syndicale des Fabricants de Tapis, Moquette à la Mécanique de France.

Bureau :

MM. MELLERIO, président honoraire.
J. LORTHIOIS, président.
L. LAINE, vice-président.
SALLANDROUZE, vice-président.
E. RASSON, secrétaire.
RENARD, secrétaire.
MOULIN-PIPART, trésorier.

Délégués :

MM. J. LORTHIOIS, 6, rue Saint-Joseph, Paris.

MELLERIO, 26, rue du Sentier, Paris.

Membres :

MM.

Croc père et fils et Jorrand à Aubusson (Creuse).

Flipo (Jules), 4, rue de la Bourse, Paris.

Herbaux (Henri et Charles), 46, rue des Jeûneurs, Paris.

Manufacture Française de Tapis et Couvertures, 6, rue d'Aboukir, Paris.

Lorthiois-Leurent et fils, 6, rue Saint-Joseph, Paris.

Moulin-Pipart fils, 2, rue Vivienne, Paris.

Neveu, Brunet et Cie, 13, rue d'Uzès, Paris.

Parmentier (E.), 9, rue d'Aboukir, Paris.

Rasson (Eugène), 16, rue du Mail, Paris.

Renard frères, 27, boulevard Malesherbes, Paris.

Sallandrouze frères, 21, rue Croix des Petits Champs, Paris.

Schenk, 11 *bis*, rue de Beaujolais, Paris.

Desurmont (Philippe), 3, rue Saint-Fiacre, Paris.

---

61. — Syndicat des teinturiers en toiles de Lille et des environs.

Lille.

En reconstitution.

Membres adhérents :

MM.

Dedondère (Robert), à La Madeleine-lez-Lille.

Delcourt (Vve Auguste) et Cie, à Lambersart-lez-Lille.

Delcourt (Maurice), 101, rue des Stations, à Lille.

Delfortrie Castrique, rue de la Deule, à Haubourdin (Nord).

Duhem (A.) et Cie, Teinturerie et Tissage, à Lomme; maison de vente, 95 et 97, rue de Paris, Lille.

Leva-Sifroid (L. et R.), à la Madeleine-lez-Lille.

Montpellier (Paul), 94, quai de l'Ouest, à Lille.

Stalars (Karl) fils, 38, quai de l'Ouest, à Lille.

---

62. — Syndicat général des industries françaises de la teinture et de l'apprêt.

15, rue du Louvre, Paris.

Téléph. cent. 49.95.

Bureau :

M. G. Drin, président, 6, rue de l'Industrie, Courbevoie (Seine).

Groupements adhérents :
MM.
Association syndicale des teinturiers, apprêteurs et imprimeurs d'étoffes de Lyon, 25, place de la Comédie, Lyon.
Chambre syndicale amicale des maîtres teinturiers et apprêteurs de Lyon et de la banlieue, 25, place de la Comédie, Lyon.
Chambre syndicale de la teinture, du blanchiment et des apprêts des fils et tissus, 8, rue Montesquieu, Paris.
Chambre syndicale des teinturiers en soies et tous textiles, 8, rue Montesquieu, Paris.
Chambre syndicale des teinturiers de l'Aube, Troyes.
Comité des maîtres teinturiers de Saint-Etienne, 10, rue de la Bourse, Saint-Etienne.
Syndicat des apprêteurs, blanchisseurs et teinturiers (en reconstitution), Saint-Quentin.
Syndicat de la teinture, du blanchiment et de l'apprêt de Reims, Bourse du Commerce, rue Cérès, Reims (Marne).
Syndicat des teinturiers en toiles de Lille et des environs (en reconstitution), Lille.
Union des teinturiers et apprêteurs de Roubaix, 18, place du Trichon, Roubaix (Nord).

Membres adhérents :
MM.
Blondel (Emile), Saint-Léger-du-Bourg-Denis (Seine-Inférieure).
Boeringer, Guth et Cie, Epinal (Vosges).
Boissel (J.), au Fresne-Laval (Mayenne).
Brion, Ledig et Cie, Saint-Dié (Vosges).
Descats, rue Colbert, Amiens.
Dupetit, 43, rue Octave-Tierce, Amiens.
Guenin, 70, rue Octave-Tierce, Amiens.
Hubault, 53, rue des Sergents, Amiens.
Landmann (A.), Saint-Dié (Vosges).

Teintureries roannaises réunies, Roanne.
Usines de l'Espérance, Sedan (Vosges).

63. — Chambre syndicale amicale des maîtres teinturiers et apprêteurs de Lyon et de la banlieue.

Siège social : 25, place de la Comédie,

Lyon.

Tél. 48-84.

Bureau :

MM. Etienne Reverchon, président.
Donati, vice-président.
Lepetit, vice-président.
Bourgeois, vice-président.
Tercinet, secrétaire.
Girard, secrétaire-adjoint.
J. Chambard, trésorier.
Gras, trésorier-adjoint.

Délégués auprès de l'Union :

MM. Reverchon, président, 41, quai Pierre-Seize, Lyon ; F. Tercinet, secrétaire.

Membres adhérents :

Alberti et Cie, teinturiers, 27, rue Sébas topol, Lyon.
Argoud, apprêteur-tullier, 2, rue Charles-Robin, Villeurbanne.
Bastoner (Les Succes.), apprêteur-tullier, 9, chemin de Nazareth, Lyon.
Berthelon (J.), teinturier, 14, rue de l'Egalité, Villeurbanne.
Benoît et Cie, apprêteur-tullier, 12, boulevard des Brotteaux, Lyon.
Besson (J.), teinturier-apprêteur, Miribel (Ain).
Bouillat (Michel), apprêteur-étoffe, 16, rue des Tables-Claudiennes, Lyon.
Bourgeois et Cie, teinturier-apprêteur, 17, Commandant-Faurax, Lyon.
Bonnard et Colomb, teinturier-apprêteur, Grigny (Rhône), 143, avenue Thiers, Lyon.
Boulet-Pin-Barre, apprêteur-étoffe, 12, rue Imbert-Colomès, Lyon.
Blanchon (J.), apprêteur-étoffe, 3, place Croix-Pâquet, Lyon.
Braisaz et Keck, apprêteur-étoffe, 4, Petite rue des Feuillants, Lyon.

Chambard, apprêteur-étoffe, 91, rue Bugeaud, Lyon.

Chanoz, apprêteur-étoffe, 79, rue de Crillon, Lyon.

Chappart et Curtet, apprêteur-étoffe, 75, avenue Galline, Villeurbanne.

Chipier, teinturier, 44, Grande rue St-Clair, Lyon.

Clavatti (J.) et Perret, apprêteur-étoffe, 30, montée Saint-Sébastien, Lyon.

Clément frères, apprêteur-étoffe, 15, route de Vaulx, Villeurbanne, Lyon.

Cornier, apprêteur-tullier, 65, rue de Sèze, Lyon.

Christophe et Bertholon, teinturier, 59, avenue Galline, Villeurbanne.

Daloz, teinturier-apprêteur, 154, boulevard de la Croix-Rousse, Lyon.

Delay et Perrin, apprêteur-étoffe, 8, impasse Saint-Polycarpe, Lyon.

Deresse, apprêteur-étoffe, 10, montée des Carmélites, Lyon.

Desvignes, apprêteur-tullier, 178, rue Francis-de-Pressensé, Villeurbanne.

Dubuy-Bonnefond (Mme), apprêteuse-étoffe, 9, Petite rue des Feuillants, Lyon.

Eparvier, apprêteur-tullier, 10, montée des Carmélites, Lyon.

Favier, teinturier, 35, rue de Dijon, Lyon.

Galy, teinturier, 14, rue Colin, Villeurbanne.

Gaudin (E), teinturier, Bourgoin (Isère), 24, quai Saint-Vincent.

Girard, apprêteur-tullier, 27, rue Faillebin, Villeurbanne.

Giraudier, apprêteur-étoffe, 19, place Tolozan, Lyon.

Etablissements Georges-O'Brien, apprêteur-étoffe, 10, rue Jean-Broquin, Lyon.

Glenat et Charlin, apprêteur-étoffe, 11, rue Burdeau, Lyon.

Gudin, apprêteur-étoffe, 42, chemin Sébastopol, Lyon.

Jacquot, apprêteur-étoffe, 27, rue Neyret, Lyon.

Jamet frères, apprêteur de tulle, 89, route de Vaulx, Villeurbanne.

Lepetit et Cie, apprêteur-tullier, 15, route de Vaulx, Villeurbanne.

Lullion et Terclnet, teinturiers-apprêteurs, 27, rue Bossuet, Lyon.

Lombard (J.-M.), apprêteur-tullier, 35, rue de Dijon, Lyon.

Lyard (J.), apprêteur-ruban-velours, 5, Petite rue des Feuillants, Lyon.

Miaille (C.), apprêteur-étoffe, 14, rue Pétrequin, Lyon.

Maire (H.), apprêteur-moire, 34, rue Suchet, Lyon.

Marchand, apprêteur-tullier, 12, rue Charles-Montaland, Villeurbanne.

Marmonnier (H.), apprêteur-tullier, 115, rue Masséna, Lyon.

Merle et Cie, apprêteur-étoffe, 5, rue de l'Egalité, Villeurbanne.

Mestas et Dupuy, apprêteur-étoffe, 15, route de Vaulx, Villeurbanne.

Manhes, teinturier-apprêteur-étoffe, 32, quai Jaïr, Lyon

Nombret-Gaillard et Cie, teinturiers-apprêteurs, 98, cours Tolstoï, Villeurbanne.

Pancrazi, apprêteur-étoffe, 30, rue Vieille-Monnaie, Lyon. — 73-75, rue Francis-de-Pressensé, Villeurbanne.

Pelandat, apprêteur-tullier. 135, rue Bugeaud, Lyon.

Pons et Ginot, teinturiers, 59, chemin Vette-Faijs, Caluire.

Pral, apprêteur-tullier, 69, rue de Sully, Lyon.

Profes, apprêteur-étoffe, 32, rue Burdeau, Lyon.

Ratignier et Cie, apprêteur-tullier, 15, chemin de la Doua, Villeurbanne.

Relave et Cie, teinturier-tullier, 25, rue Puits-Gaillot, Lyon.

Renard. apprêteur-étoffe, 20, rue Barrême, Lyon.

Rhonat et Durand, teinturiers, 8, rue Blondel, Villeurbanne.

Reverchon, teinturier, 43, quai Pierre-Seize, Lyon.

Rossignol, teinturier, 2-3, place de la Boucle, Lyon.

Rossillon. apprêteur-tullier, 84, rue de la Viabert, Villeurbanne.

Respaut et Guyot, teinturier-apprêteur, 105, rue de la Part-Dieu, Lyon.

Sassolard, teinturier, 8, rue de la Bastille, Villeurbanne.

Seux et Charel, teinturiers-apprêteurs, 66, cours Tolstoï, Villeurbanne.

Teintureries du Rhône, teinturier, 49, rue de la Jonclère, Lyon.

Thibaut, apprêteur-raseur, 21, place Tolozan, Lyon.

Tixler, teinturier, 4, rue de la Muette, Lyon.

Société Industrielle apprêteur-tullier, 124, rue Vauban, Lyon.

Soton (L), apprêteur-étoffe, 32, rue Molière, Lyon.

Usines Lyonnaise de teinture et apprêts, 17, rue Alexandre Boutin, Villeurbanne.

Veyret et Bernard, apprêteurs-étoffe, 35, chemin Francis-de-Pressensé, Villeurbanne.

Veujeoz (D.), apprêteur-étoffe, 13, rue Bellecombe, Villeurbanne.

---

64. — Chambre Syndicale des tisseurs de Jute de France.

162, faubourg Saint-Denis, Paris.

Téléph. Nord 31.83.

Bureau :

MM. Bloch, président d'honneur.
J. Jouret, président d'honneur.
Georges Bernheim, président.
A. Pigon, vice président.
Dufour, secrétaire.
Sene-Cordier, trésorier.
Borocco.
Lardans.

Délégués :

MM. Bernheim (G.), président, 162, faubourg Saint-Denis, Paris ; Sene-Cordier, à Airaines (Somme) ; Dufour, 27, rue Mauconseil, Paris.

Membres :

Allot fils, Tissage à Allery (Somme).

Bauché (Vve), Tissage à la Ferté-Bernard (Sarthe).

Bealet Tissage à la Ferté-Bernard (Sarthe).

Benekard, Tissage à Colmar (Haut-Rhin).

Bernheim (G.), 162, faubourg Saint-Denis, Paris

Borocco et Cie, Tisseurs à Colmar (Haut-Rhin).

Clément, 4, rue de Tardy, Saint-Étienne (Loire).

Delachanal (C.), Tissage, Allery (Somme).

Depouy (B.), Tissage à Hagetmau (Landes).

Devillers-Dellencourt, Tissage à Candas (Somme).

Cabot (Émile), Tissage à Albi (Tarn).

Caline frères, Tissage à Forceville-Oisemont (Somme).

Catuhe frères, Tissages à Airaines (Somme).

Courtin, Tissage à Longpré-les-Corps-Saints (Somme).

Darras (Elie), Tissage à Allerey (Somme).

Darras (Marie), 3, rue Bourg l'Abbé, Paris.

Demarcq frères, 1, quai du Sartel, Roubaix (Nord).

Dufour, aîné (Les fils de), Tissage à Allery, 27, rue Mauconseil, Paris.

Faquet (Edmond), Tissage à Vergies (Somme).

Les fils de Gardair (J.), 32, rue du Tapis-Vert, Marseille.

Hughes (L.), Tissage à Humegies par Saint-Amand-les-Eaux (Nord).

Jouret et Cie, Tissage à Forest par Hem. (Nord).

Lacombe (Ernest), Tissage à Albi (Tarn).

Lamblin (G.), 11, place aux Bleues, Lille (Nord).

Landheau, Tissage, La Verrie (Vendée).

Lardans frères, Tissage à Luneray (S.-I.).

Lardans (Raoul), Fabricant au Ronchay, Luneray (S.-I.).

Lefebvre (Albert), Tissage à Allery (Somme).

Pigon et Cie, 90 bis, rue de Paris, Lille (Nord).

Piron, Vermesch Tissage à Godewaerselde (Nord).

Roussel (A.), Tissage, rue Notre-Dame à Tourcoing (Nord).

Sene-Cordier, Tissage à Airaines (Somme).

Siebold-Doussinelle, 149, faubourg Saint-Denis, Paris.

Sans et Garcerie, à Saint-Laurent-de-Cerdans (Pyrénées-Orientales).

Société Anonyme des cuirs et courroies à Boeschepe (Nord).

Société Anonyme de filatures et tissages de Ligugé (Vienne).

Société du Sac, 22, rue de Forbin, Marseille.

Stoch, Tissage à Halluin (Nord).

Thieffry (A.), 207, boulevard de la Liberté, Lille (Nord).

Vandermversch (E.) et fils, Tissage à Wervicq-sud (Nord).

Vandesmet (A. et U.), Tissage à Beauval (Somme).

65. — Union des filateurs et mouliniers français de la région de Valence (Drome).

Saint-Julien-en-Saint-Alban (Ardèche).

Bureau :

MM. L. BLANCHON, président.
G. FOUGEIROL, vice-président;
P. CHAREYRE, vice-président;
R. DE LAMONTA, trésorier;
M. BÉRENGER, secrétaire;
C. BÉRENGER, membre.
E. BÉRENGER, membre.
E. GARNIER, membre.
P. CHABERT, membre.
CHAPELLE, membre.
DUPLAY, membre.
P. GIRAUD, membre.
REYNE, membre.
VIOLÈS, membre.

Délégués à l'Union :

MM. L. BLANCHON, président; G. FOUGEIROL; P. CHAREYRE.

Membres adhérents :
MM.
Bérenger (Camille), Vaugneray (Rhône).
Bérenger (Maurice), Livron (Drôme).
Bertrand (Henri), 24, rue Laffont, Lyon.
Blanchon (Louis), Saint-Julien-en-Saint-Alban (Ardèche).
Brouillet, 6, rue Edouard-de-Langlade, (Marseille).
Brousse (M.), Montélimar (Drôme).
Chabas, Avignon, Vaucluse.
Chausse (A.), 54, boulevard de la Blancarde (Marseille).
Chabert (Pierre), Flaviac (Ardèche).
Chapelle (père et fils), Tournon (Ardèche).
Chareyre (P.-V.), Saint-Fortunat (Ardèche).
Duplay (Charles), Saint-Etienne (Loire).
Fougeirol (A.) et Cie, aux Ollières (Ardèche).
Garnier (Ed.), Trans (Var).
Georges (O.), Beauvènes par Saint-Sauveur-de-Montagut (Ardèche).
Giraud (P.) (Les fils de), Vals-les-Bains (Ardèche).
Gonnet (Martial) et ses fils, Camaret (Vaucluse).
Guérin (Vve) et fils, Lyon.
Guintrand (Henri), Caromb (Vaucluse).

Liron (G.), Orange.
De Micheaux et Cie, Flaviac (Ardèche).
Palluat et Testenoire, Lyon.
Payen (L.) et Cie, Lyon.
Reyne (V.), Lamastre (Ardèche).
Simon (J.), Messe.
Violès (A.), Bollène (Vaucluse).
Rochier, Viviers (Ardèche).

---

66. — Syndicat des fabricants de tissus de Picardie (Région de Bohain).

15, rue du Louvre, Paris.

Bureau :

MM. N..., président.
Jules LORTHIOIS, vice-président.
A. FOURIER, secrétaire.

Délégué à l'Union :

M. A. FOURIER, 119, rue Réaumur, Paris.

Membres :
MM.
Blondiaux (A.) et Cie, 3, rue d'Uzès, Paris (2e). — Tél. Cent. 11.61.
Lorthiois-Leurent fils, 6, rue Saint-Joseph, Paris (2e). — Tél. Guten. 42.42.
Manufacture de tissus de Picardie (ancienne maison E. Fourier), 119, rue Réaumur, Paris (2e). — Tél. Guten. 26.35.
Séguret-Thabut et Cie, 19, rue du Sentier, Paris (2e). — Tél. Guten. 34-37.
Rodier, 3, rue des Moulins, Paris (1er). — Tél. cent. 34.63 et Louvre 32.50.
Radius (André), 13, rue du Mail, Paris (2e). — Tél. Cent. 58.85.
Mathieu fils, 119, rue d'Aboukir, Paris (2e).
S. Henry Loewensohn, 10, faubourg Poissonnière, Paris. — Tél. cent. 63.78 et 63.81.
Lagesse-Duquenne et Cie, 6, rue du Sentier, Paris (2e). — Tél. Guten. 56.44.
Burgard (F.), 102, rue Réaumur, Paris (2e). — Tél. Cent. 41.19.
Bruuschwig et fils, 4, rue Ventadour, Paris. — Tél. Guten. 39.83.
Briatte (Léon), 50, rue Etienne-Marcel, Paris (2e).
Manufacture de tresses et tissus, 105, rue Réaumur, Paris (2e). — Tél. Guten. 23.27.

Lefèvre (Paul), Bohain (Aisne).
Etablissements Pinton et Vincent, 30, faubourg Poissonnière, Paris. — Tél. Guten. 60.60.

---

67. — Syndicat des textiles artificiels.

16, rue du Louvre.

Bureau :

MM. Joseph GILLET, président.
Ernest CARNOT, vice-président.
RABOURDIN, secrétaire-trésorier.

Délégués à l'Union :

MM. Joseph GILLET, président; Emile DEFAUCAMBERGE, administrateur; René BERNHEIM, administrateur.

Membres adhérents :

MM.
François Carnot, administrateur; Albert Boutet, administrateur, Société ardéchoise pour la fabrication de la soie de Viscose.
Rabourdin, administrateur, Société des crins artificiels.
Quantin, secrétaire général, Société Italienne de la Viscose.
Joseph Gillet, administrateur; Alfred Bernheim, administrateur, Société de la soie artificielle.
Louis Chatin, administrateur; René Bernheim, administrateur, Société de la soie artificielle d'Izieux.
Depelle, administrateur; Ernest Carnot, administrateur; Chiris, administrateur; Emile Defaucamberge, administrateur, Société française de la Viscose.

---

68. — Association des fabricants tisseurs de laine.

Secrétariat :

53, rue de Châteaudun, Paris.

TÉLÉPH. CENTRAL 73.82.

Comité :

MM. L. CUGNET, président.
J. GIBERT, vice-président.
L. ROUQUAIROL, vice-président.
P. RODIER, secrétaire.
L. THABUT, trésorier.
A. JACQUOT, membre.
J. JOURDAIN, membre.
A. LEGRAND, membre.
L. PENICAUD, membre.
A. MAROGER, membre.
J. LECOMTE, membre.
P. PORTE, membre.
J. PELGÉ, secrét. administratif.

Délégués auprès de l'Union :

MM. CUGNET, président, 32, rue du Sentier, Paris; J. GIBERT, 9, faubourg Poissonnière, Paris; J. JOURDAIN, 42, rue Paradis, Paris.

Membres adhérents :

Arragon, 20, rue du Sentier, Paris. — Tél. Gutem. 31.12.
Benoist (E.), 12, boulevard Poissonnière, Paris.
Berguer (M.), 15, rue du 4 septembre, Paris.
Bertrand (H.), 155, cours Emile-Zola, Lyon-Villeurbanne.
Blondiaux (A.), 3, rue d'Uzès, Paris. — Tél. Central 11.61.
Bittler (E.) et Cie, 3, cité d'Hauteville, Paris. — Tél. Bergère 18.03.
Boussus et Cie, 12, boulevard Poissonnière, Paris. — Tél. Saxe 07-23.
Conrads (C.), Machu (A.) et Cie, 15, rue des Petites-Ecuries, Paris. — Tél. Central 79-90.
Cattelain fils et Cie, 15, rue du Conservatoire, Paris.
Demetre, Sault et Cirlez, 19, rue d'Hauteville, Paris. — Tél. Central 71.63.
Dequen (H.), 22, rue Bergère, Paris. — Tél. Central 90.67.
Dugénie (A.), 47, rue de Paradis, Paris. — Tél. Bergère 43.66.
Etablissements Bonvallet, Saint-Etienne-en-Saint-Geoirs (Isère).
Flament (C.) et Cie, 8 ter, cité Trévise, Paris. — Tél. Central 06.01.
Goujon frères, Tancon (Saône-et-Loire).
Guingand et Cie, 6, faubourg Poissonnière, Paris. — Tél. Gutem. 12.10.
Grandjean, 22, rue du Sentier, Paris. — Tél. Louvre 27.33.
Gros-Roman et Cie, 6, rue d'Uzès, Paris — Tél. Gutem. 37.03.

Hauet (A), 5, rue Ambroise Thomas, Paris. — Tél. Central 41.75.

Heinrich (C) et Cie, 18, rue du Griffon, Lyon.

Jacquot père et fils, 50, rue de Paradis, Paris. — Tél. Gutem. 29.02.

Jourdain (J.) et Cie, 42, rue de Paradis, Paris. — Tél. Louvre 0.40.

Lagesse Duquenne et Cie, 6, rue du Sentier, Paris. — Tél. Gutem. 56.44.

Laine (Gaston), 14, rue Bachaumont, Paris.

Lalande (A.), 41, rue de l'Echiquier, Paris. — Tél. Central 71.22.

Layrisse (P.), 16, rue des Jeûneurs, Paris. — Tél. Central 66.49.

Lecomte-Lequenne fils et Cie, 4, boulevard Alsace-Lorraine, Amiens.

Ledieu (A.), Briaste, par Viesly (Nord).

Legrand (A.) et Cie, 38, rue des Jeûneurs, Paris. — Tél. Gutem. 37.99.

Levent-Lemaire (C.) et Cie, 6, rue du Sentier, Paris. — Tél. Louvre 15.31.

Leveille (A.), 41, rue de l'Echiquier, Paris. — Tél. Gutem. 55.54.

Maroger et Devigne, 4, rue de Trévise, Paris. — Tél. Louvre 22.49.

Michau (Th.) et Cie, 9, faubourg Poissonnière, Paris. — Tél. Gutem. 33.87. — Bergère 49.32.

Neyret, 17, rue d'Uzès, Paris. — Tél. Gutem. 19.23.

Noël (L.) et Cie, 52, faubourg Poissonnière, Paris. — Tél. Central 08.53.

Penicaud et Glairon, 93, rue Réaumur, Paris. — Tél. Gutem. 04.02.

Porte (A.), 23, rue des Petits-Hotels, Paris. — Tél. Nord 43.93.

Rodier, 3, rue des Moulins, Paris. — Tél. central, 34.63. — Louvre 32.56.

Rousseau et Day, 12, rue Rougemont, Paris.

Seguret et Thabut, 19, rue du Sentier, Paris. — Gutem. 34.37.

Seydoux et Michau réunis, 23, rue de Paradis, Paris. — Tél. Central 58.84.

Société anonyme de la maison Deal, 32, rue du Sentier, Paris. — Tél. Central 34.28.

Successeur de Deglas et Cie, 32, rue du Sentier, Paris. — Tél. Gutem. 50.01.

Tamboise (E.), 10, rue des Jeûneurs, Paris. — Tél. Gutem. 50.11.

Tissage Grumbach, 25, faubourg Poissonnière, Paris. — Tél. Gutem. 51.57.

Tissage de Proisy, 1, rue du Mail, Paris. Tél. Gutem. 42.66.

Tissage de Vizille, 1, rue de la République, Lyon.

Tilmant frères, 39, rue du Sentier, Paris. — Tél. Central 21.02.

Weill (L.), 23, rue des Jeûneurs, Paris. — Tél. Gutem. 68.58.

Tissage Viriville et d'Elincourt, 22, rue Bergère, Paris.

---

69. — Chambre syndicale de la Bonneterie de Paris et des Industries qui s'y rattachent.

8, rue Montesquieu, Paris (Iᵉʳ arr.).

TÉLÉPH. GUT. 30.36.

Bureau :

MM. GÉRARD-FORTIER, président.
VERDIER, vice-président.
MARTIN, vice-président.
REGLEY, FORÊT, secrétaires.
MOULARD, trésorier.

Délégués à l'Union :

MM. GÉRARD-FORTIER, président, 128, rue de Rivoli, Paris; VERDIER, 19, bd de Strasbourg, Paris; RÉGLEY, 12, faubourg Poissonnière, Paris; BOILEAU, 67, rue de Rivoli, Paris; DESNOYERS, 41, rue d'Enghien, Paris; CORNUEL, 89, rue Réaumur, Paris.

Membres :
MM.
Ameline, Falaise (Calvados).

Argentin (Paul), 9, rue Saint-Nicolas, Troyes (Aube).

Bardoux et Cie, 25, rue d'Hauteville, Paris (Xᵉ arr.).

Baudin, Carault et Cie, 93, rue Réaumur, Paris (IIᵉ arr.). — Tél. Central 38.11.

Blais-Mousseron, 62, rue Spontini, Paris (XVIᵉ). — Tél. Passy 99.88.

Boileau, 67, rue de Rivoli, Paris (Iᵉ arr.). — Tél. Gut. 30.05.

Boiry, 150, rue Saint-Martin, Paris (IVᵉ arr.).

Bonbon (Louis), 2, rue Bégand, Troyes (Aube). — Tél. 3.39.

Boussard, 69, rue de Rivoli, Paris (Iᵉʳ arr.). — Tél. Central 88.53.

Brault (Louis) La Charité-sur-Loire (Nièvre).

Breilly (Georges), Moreuil (Somme).

Brottier (Georges), 13, rue du Grand-Marché, Tours (Indre-et-Loire).

Brun, fils, Arre (Gard); 4, rue Jean-Lantier, Paris (Ier arr.).—Tél. Louvre 29.90.

Burckhardt, 25, rue Palestro, Paris (IIe arr.). — Tél. central 93.34.

Belleuvre et Billion (Etablissements), 21, place de la Bonneterie, Troyes.

Cahen, 68, rue J.-J.-Rousseau, Paris, (IIe arr.). — Tél. Gut. 45.56.

Calbris, 15, passage des Petites Ecuries, Paris, (Xe arr.). — Tél. Central 53.00.

Canneva (A.), boulevard Duchesse-Anne, Rennes (Ille-et-Vilaine).

Chamard, 235, rue Saint-Honoré, Paris (Ier arr.). — Tél. Central 52.22.

Charleville et Cie, 22, rue des Bourdonnais, Paris (Ier arr.). — Tél. Central 98.05.

Cornuel (Vve), 89, rue Réaumur, Paris (IIe arr.). — Tél. Gut. 06.30.

Courtois, 14, rue Bertin Poirée, Paris (Ier arr.). — Tél. Central 62.64.

Champieux fils et Cie, 2, rue du Général Saussier, Troyes (Aube).

Deflou (Félix), Montargis (Loiret).

Desnoyers, 41, rue d'Enghien (Xe arr.). — Tél. Gut. 33.73.

Detaille (Georges), 39, rue Saint-Vulfran, Abbeville (Somme).

Dore (Henri), Chartres (Eure-et-Loir.

Duval, 10, rue du Vieux-Pont, Blois (Loir-et-Cher).

Dubied (Edouard) et Cie, 109, rue Lafayette, Paris (Xe arr.).

Eschenlhor, Nancy (M.-et-M.).

Evrard, 20, rue Bachaumont, Paris (IIe arr.). — Tél. Central 24.33.

Forêt et Cie, 118, rue de Rivoli, Paris (Ier arr.). — Tél. Gut. 58.73.

Fournier-Tonnel (Vve), 17, rue Bertin-Poirée, Paris (Ier arr.).—Tél. Gut. 42.31.

Félix (Julien), tricotages mécaniques, Besançon (Doubs).

Gastineau, 6, faubourg Saint Honoré, Paris (VIIIe arr.). — Tél. Elysées 05.08.

Gavanon fils et Peyron (R.), Saint-Hippolyte-du-Fort (Gard).

Gérard Fortier frères, 128, rue de Rivoli, Paris (Ier arr.). — Tél. Central 20.14.

Gobert, Vassal et Cie, Fère-en-Tardenois (Aisne).

Got, 20, rue des Bourdonnais, Paris (Ier arr.). — Tél. Gut. 21.81.

Grey (Maurice) et Cie, 9, rue Lecoultreux, Dijon (Côte-d'Or).

Haillot, Delcourt et Cie, 155, rue Saint-Martin, Paris (IIIe arr.). — Tél. Arch. 22.84.

Herdhebaut, 2, rue d'Enghien, Paris (Xe arr.). — Tél. Gut. 30.29.

Hervy (Vve), 22, avenue Victoria, Paris (Ier arr.). — Tél. Gut. 00.04.

Lacotte frères, 3, Boucher, Paris (Ier arr.) Tél. Central 13.45.

Lauret frères, Ganges (Hérault).

Lefebure, 5, faubourg Saint-Honoré, Paris (VIIIe arr.). — Tél. Central 58.13.

Legrand (A.), 78, boulevard Sébastopol, Paris (IIIe arr.).

Lepicier, 20, rue du Pont-Neuf, Paris (Ier arr.). — Tél. Louvre 18.99.

Ligneau de Sereville, 3, rue d'Hauteville, Paris (Xe arr.). — Tél. Bergère 37.19.

Marcou, 30, rue Riquet, Toulouse (Hte-Garonne).

Martin, 13, rue Bertin-Poirée. — Tél. Louvre 10.27.

Magnon et Carré, 135, rue Saint-Martin, Paris (IVe arr.).

Marx (Vve), 210, rue Saint-Martin, Paris (IVe arr.). — Tél. arch. 06.70.

Manufactures réunies de tresses et lacets, Saint-Chamond (Loire).

Moullard, 34, rue des Bourdonnais, Paris (Ier arr.). — Tél. Gut. 56.72.

Mortier (B.), bonneterie, Rouen (S.-I.).

Picaude, 2, rue Saint-Honoré, Paris (Ier arr.).

Petit (H.), 1, rue des Epinettes, Vierzon (Cher).

Poutre, Gandillon et Vaussard (R.), place Saint-Vincent (Rouen).

Regley fils et Cie, 12, faubourg Poissonnière (Xe arr.). — Tél. Gut. 55.72.

Regnault frères, 17, rue Turbigo, Paris (IIe arr.). Tél. Gut. 52.93.

Richer et Cie, 48, rue des Carmes, Orléans (Loiret).

Sansot, Bagnères-de-Bigorre (Htes-Pyrénées). — 59, rue de Rivoli, Paris (Ier arr.). — Tél. Central 08.38.

Save, 201, rue Saint-Martin, Paris (IIIe arr.). — Tél. Arch. 45.69.

Société Anonyme de Bonneterie Roannaise, Roanne (Loire).

Société Anonyme des Tricotages à la mécanique, 19, rue de la Reynie, Paris (IVe arr.).

Société Générale de Bonneterie de Troyes,

5, rue du Louvre, Paris (Ier arr.). —
Tél. Gut. 07.95.

Société de Bonneterie de Reims, 93,
Grande-Rue, Maison-Alfort (Seine).

Tournier, 3, place de Valois, Paris (Ier
arr.).

Teyssèdre (établissements), Nimes (Gard).

Tiberghien et fils, 124, rue de Rivoli,
Paris (Ier arr.).

Verdier, 19, boulevard de Strasbourg,
Paris (X^e arr.). — Tél. Nord 68.60.

Viallar, 21, rue Etienne-Marcel, Paris
(Ier arr.).

Vitoux, Derrey et Gendre, 42, rue de la
Paix, Troyes (Aube).

Villeminot, Rondeau et Cie, 15, rue Bachaumont, Paris (IIe arr.). — Tél. Gut.
07.41.

Vosesec, 142, rue Saint-Denis Paris (IIe
arr.). — Tél. Gut. 36.02.

Wisner, 21, rue Roque de Fillol, Puteaux (Seine). — Tél. 00.46.

---

70. — Syndicat des fabricants de toiles à voiles.

Bureau :

MM. Emile DICKSON, président.
P. PORTEU, secrétaire.
Albert DURAND, contrôleur.

Délégué :

DICKSON, président, 49, rue de la
Chapelle, Paris.
PORTEU, filateur, Rennes.

Membres :
MM.

Benet-Duboul, Mazargues-Marseille.
Bessonneau, 20, rue du Louvre, Paris.
Caline frères, Forceville-Olsemont.
Delahaye-Bougère, 129, rue Saumuroise,
Angers.
Dickson-Walrave et Cie, 49, rue de la
Chapelle, Paris.
Huret-Marcq et Cie, Pont-de-Briques.
Lallier, 60, rue de Sotteville, Rouen.
Porteu (P.), Rennes.

---

71. — Syndicat de l'Industrie Tex-tile de la Région de Thizy.

5, place de l'Eglise, Thizy (Rhône).

Bureau :

MM. B. MARTINON, président.
J. PASSOT, vice-président.
Aug. DUSSERT, vice-président.
J. IMBERT, secrétaire.
J. CAILLOT, trésorier.

Membres administrateurs :

MM. L. MONCORGE, S. ROUTTIER, J. MU-
GUET, R. JOURLIN, L. MARTIN,
M. POIZAT, Henri POIZAT, F. SIROT,
S. ROLLIN, J. VERRIÈRE, S. RE-
MONTET, E. BOUZIQUE, G. BLAYE.

Délégués :

MM. MARTINON, président, Thizy
(Rhône); RUTTER, secrétaire, 5, place de
l'Eglise, Thizy (Rhône).

Membres :

Section tissage ville.
MM.

Bouzique et Petiot, Thizy (Rhône). —
Tél. 36.
Caillot et Blaye, Thizy (Rhône). — Tél. 68.
Chalon (P.), Thizy (Rhône). — Tél. 16.
Chamrion (Paul), Thizy (Rhône). — Tél.
57.
Couturier frères, Thizy (Rhône). — Tél. 10
Demettre Sault et Ciriez, Thizy (Rhône).
— Tél. 12.
Dupuis-Merle et Cie, Thizy (Rhône). —
Tél. 51.
Imbert-Pierrefeu et Grivolla (F.), Thizy
(Rhône). — Tél. 20.
Lévy (L.) et fils, Thizy (Rhône). — Tél. 78.
Perrin (A.), Thizy (Rhône). — Tél. 41.
Fournier et Cie, Bourg-de-Thizy (Rhône).
— Tél. 3.
Jourdain et Cie, Bourg-de-Thizy (Rhône).
— Tél. 1.14.
Troviste et Gouttard, Bourg-de-Thizy
(Rhône). — Tél. 7.
Sirot (V.) et fils, Pont-Trambouze
(Rhône). — Tél. 8.

Section tissage campagne.

MM.

Passot (Jean), Saint-Victor-sur-Rhins (Loire). — Tél. 3.

Ferrari (L.), Saint-Victor-sur-Rhins (Loire). — Tél. 4.

Remontet frères, Lagresle (Loire). — Tél. 6 Thizy.

Dechavanne et Saintandre, Lagresle (Loire). — Tél. 1.

Jalla et Cie, Regny (Loire). — Tél. 4.

Girardet et Gonnet, Combre (Loire) — Tél. 1.

Dechelette frères, Montagny (Loire). — Tél. 4.

Danière (C.), Sevelinges (Loire). — Tél. 1 Cours.

Rollin (S.) et fils, Saint-Vincent-de-Reins (Rhône). — Tél. 4.

Lacand et Billet, Saint-Vincent-de-Reins, (Rhône).

Suchel (Auguste) (*bureaux à Thizy*), Tél. 31. — Saint-Vincent-de-Reins (Rhône).

Lagoutte (M. et J.), Grandris (Rhône). — Tél. 12.

Dupuis (J.), Gaidon (N.) et Cie, Grandris (Rhône). — Tél. 10.

Chamussy, Grenot, Fouilland et Cie, Cublize (Rhône). — Tél. 3.

Fargeton frères, Cours (Rhône). — Tél. 33.

Coillard frères, Thel (Rhône). — Tél. 1.

Suchel et Thivend, Chapelle-de-Mardore (Rhône). — Tél. 1.

Verrière fils aîné, Mardore (Rhône). — Tél. 1.

Buffard et Claret, Mardore (Rhône). — Tél. 2.

Aucourt-Malatray, Mardore (Rhône).

Dechelette-Despierres et Cie, Amplepuis. — Tél. 5.

Burnichon (G.), Cours (Rhône). — Tél. 44.

Section teinture, impression et apprêts.

MM.

Jourlin frères, Régny (Loire). — Tél. 10.

Etablissements Clément-Marot, Régny (Loire). — Tél. 15.

Schneider et Goyon, Régny (Loire). — Tél. 2.

Deletre et Duret, Lagresle (Loire). — Tél. 2.

Poizat-Coquard, Bourg-de-Thizy (Rhône). — Tél. 19.

Martin (Louis), Bourg-de-Thizy (Rhône). — Tél. 4.

Société anonyme de teinture, impression et apprêts de Thizy (Rhône). — Tél. 53. — *Usines à Régny.* — Tél. 12; *Pont-Trambouze; Le Coteau; Thizy.*

Dury (E.) (Vve), Thizy (Rhône). — Tél. 22.

Blancher, Breton et Muguet, Thizy (Rhône). — Tél. 17.

Usine A et bureaux. — Tél. 17.

Usine B et bureaux. — Tél. 29.

Usine C et bureaux. — Tél. 13.

Section couvertures.

MM.

Cherpin frères, Cours (Rhône). — Tél. 23.

Matray et Poizat, Cours (Rhône). — Tél. 12.

Accary-Mathéod, Cours (Rhône).

Barrelle (H.), Cours (Rhône). — Tél. 17.

Thion et Geoffray, Cours (Rhône). — Tél. 56.

Plasse (Elie), Cours (Rhône).

Bonnefond (C.), Cours (Rhône).

Dussert (Aug.), Cours (Rhône). — Tél. 2.

Les héritiers de Perrin (A.) et fils, Cours (Rhône). — Tél. 8.

Les héritiers de Gleyvod (V.), Cours (Rhône). — Tél. 28.

Maréchallat et Cie, Cours (Rhône). — Tél. 6.

Brun (Cl.), Cours (Rhône). — Tél. 7.

Poizat frères, Cours (Rhône). — Tél. 27.

Tetafort et fils, Pont-Trambouze (Rhône). — Tél. 4.

Poyet et Poizat, Pont-Trambouze (Rhône). — Tél. 1.

Moncorge (N.) et Sirot fils, Pont-Trambouze (Rhône). — Tél. 9.

Manufacture de couvertures et molletons de Thizy (Rhône). — Tél. 23.

Section filature.

MM.

Moncorgé (Louis), Bourg-de-Thizy (Rhône). — Tél. 10, Thizy.

Société anonyme de filature de Bourrette et de cordonnet Schappe de Thizy (Rhône). — Tél. 33.

---

72. — Syndicat patronal de l'industrie textile de Mazamet.

Siège : Café du Grand Balcon; Cours René Reille, Mazamet.

Bureau :

MM. Gaston GALIBERT-MARTRAT, président.

Georges CROUX, vice-président ;

Jules Petit, trésorier;
Louis Balfet, secrétaire;
Jules Pujol, secrét. administratif.

Délégués :

MM. Galibert-Martrat, rue du Moulin; Croux (Georges), avenue Rouvière; Boudou (Albert), rue de Lagoutine; Petit (Jules), avenue Rouvière; Tournier (A.) et fils, La Chevalière; Alba La Source, rue Bertalaï; Balfet (Louis), rue Barbey.

Membres :
MM.
Alba La Source, manufacturier, rue Bertalaï. — Tél. 1.15.
Armengaud (Gustave), filateur, rue Barbey. — Tél. 0.63.
Balfet (Louis), bonneterie et filature, rue Barbey. — Tél. 1.56.
Boudou (Albert), manufacturier, rue Lagoutine. — Tél. 1.83.
Barraille et Maurel, fabricants, rue de Metz. — Tél. 0.99.
Cousinié (Germain) et Cie, filateurs, Bartalay.
Clary (Vve) et fils, bonneterie, rue des Cordes. — Tél. 2.10.
Coste (Raoul), filateur à l'Eclause;
Croux (Georges), manufacturier, avenue Albert Rouvière. — Tél. 0.56.
Delamarre (Robert), manufacturier, place Gambetta. — Tél. 0.98.
Durand (Casimir), bonneterie, rue Poitevins. — Tél. 1.01.
Escande (Casimir), fabricant, rue des Cordes. — Tél. 0.65.
Fareng (Georges), teinturier, boulevard Soult. — Tél. 0.34.
Galibert-Martrat (G.), filateur, rue du Moulin.
Galibert et Fabre, bonneterie, à Aiguefonde;
Guilhou (Félix), bonneterie, rue du Moulin.
Julla et Raynaud, bonneterie, rue Barbey. — Tél. 0.83.
Laissac, fabricant, rue de la Vanne.
Marthel frères, manufacturiers, boulevard Soult.
Micherolli (Alfred), bonneterie, rue de la Resse.
Petit (Jules), bonneterie, avenue Albert Rouvière. — Tél. 3.04.
Rives (Philippe), filateur, boulevard La Sagne. — Tél. 2.58.

Tournier (A.) et fils, manufacturiers, allée de La Chevalière. — Tél. 1.35.
Verdier (Vve Auguste), bonneterie, rue de l'Arnette. — Tél. 2.06.
Verdier (Raoul), bonneterie et filature, au Pigné. — Tél. 0.25.
Vandenberghe (Fernand), bonneterie, rue Saint-Jacques.

Commissions :

MM. Galibert-Martrat (Gaston), Croux (Georges), Petit (Jules), Balfet (Louis), Tournier, Boudou (Albert), Loup (maison Alba La Source).
Représentant d'Alba-la-Source : Hérard (Edmond), 4, rue du Rameau.
Georges Croux : Bureau à Paris, 18, rue Bachaumont.

---

73. — Syndicat patronal de l'Industrie textile de la région de Labastide-Rouairoux.

Labastide-Rouairoux (Tarn).

Bureau :

MM. F. Bourguet, président.
Léon Belot, vice-président.
Armand Raynaud, secrétaire.
A. Houard jeune, trésorier.

Délégués auprès de l'Union :

MM. Frédéric Bourguet, président; Labastide-Rouairoux; A. Houard jeune, Labastide-Rouairoux; Elie Cèbe, secrétaire.

Membres adhérents :
MM.
Armengaud (Gustave), manufacturier.
Aussillous (Etienne), manufacturier.
Belot (Léon), teinturerie et apprêts.
Bourdel (Ernest), manufacturier.
Bourdel (Henri), apprêteur.
Bourguet (Frédéric), manufacturier.
Bourguet-Barthès, manufacturier.
Bourniquel (Augustin), tissage à façon.
Cabanel (Joseph), bonnetier.
Cros (Joseph), tissage à façon.
Crouzet-Pagès, manufacturier.
Crouzet (Elie), apprêteur.
Delmas (Auguste), manufacturier.
Fabre (Marius), manufacturier.
Fontès (J.) fils, apprêteur.

Gau-Bosc, filateur,
Gayraud (Philémon), apprêteur.
Guibbert (Pascal), filateur.
Houard (A.) jeune, manufacturier,
Houard frères, filateurs.
Lagarrigue, filateurs.
Pagès-Rascol, manufacturier.
Pech, Iché et Cie, manufacturier.
Raynaud (Armand), filateurs.
Séverac (Edmond), tissage à façon.
Taillades (Edouard), manufacturier.
Taillades (Michel), manufacturier.

---

74. — Union patronale de l'industrie textile castraise.

Siège social : Cercle agricole, Castres (Tarn).

Téléph. 106.

Bureau et Délégués :

MM. G. Armengaud fils, président.
R. Lecamus, vice-président.
Desplets, trésorier.
P. Laval, secrétaire.

Membres :

Fabricants.

MM.
Armengaud (G.), rue Théron-Périer, Castres. — Tél. 1.45.
Barthes (R.), rue Ernest-Barthe, Castres.
Mailhe (J.), avenue de Saint-Pons, Castres. — Tél. 2.03.
Bonin (G.), rue du Rey, Castres. — Tél. 1.23.
Lasbordes et les fils Cabrol, rue Henri IV, Castres. — Tél. 0.25.
Augier et Fabre, place Soult, Castres. — Tél. 0.04.
Etablissements Laval et Lecamus, rue d'Auque, Castres. — Tél. 0.30.
Maraval (J.), fils et Cie, rue d'Empare, Castres. — Tél. 0.37.
Sablayrolles, rue des Fossés, Castres.
Viala (H.), rue Anne-Veaute, Castres. — Tél. 1.74.
Alquier (C.), rue de l'Agout, Castres.
Carriol, avenue d'Hauterive, Castres. — Tél. 0.06.
Etablissements Lasbordes, Boissezon. — Tél. 1.

Bonnetiers.

Cabrol (L.), Labruguière. — Tél. 1.
Simon (A.), Labruguière. — Tél. 2.
Besset et Azema, boulevard Alsace-Lorraine, Castres.
Masson, 29, rue du Collège, Castres.
Rascol et Molinier, boulevard Miredames, Castres.
Durand (Vve), rue Sœur-Audenet, Castres.
Azema et Salvetat, 23, rue Fuziès, Castres.
Assemat-Coudere, rue Ernest-Barthe, Castres.
Estadieu-Sicard, avenue de Navès, Castres.
Chabert (G.), Roquecourbe. — Tél. 4.
Bonin (Georges), rue du Rey, Castres. — Tél. 1.23.

Filateurs et apprêteurs.

Gissot-Landes et Assemat, boulevard Miredames, Castres. — Tél. 1.80.
Fusie, Vabre. — Tél. 9.
Plo, Boissezon. — Tél. 4.
Maraval (A.) et Cie, Boissezon. — Tél. 2.
Bonnes-Mialhe (Mme), Lacaze-Basse.
Viguier (E.), rue Venise, Castres. — Tél. 1.56.
Dufeu (P.), 22, rue Crablé, Castres.
Mailhe (P.), Esplanade du Mail, Castres. — Tél. 2.08.
Rigal (E.) et Cie, Massaguel. — Tél. 4.
Gase (P.), rue Théron-Périer, Castres. — Tél. 0.90.
Bonin (G.), rue du Rey, Castres. — Tél. 1.23.
Augier et Fabre, place Soult, Castres. — Tél. 0.04.
Maraval (J.) fils et Cie, rue d'Empare, Castres. — Tél. 0.37.
Etablissements Laval et Lecamus, rue d'Auque, Castres. — Tél. 0.39.
Etablissements Lasbordes, Boissezon. — Tél. 1.

Teinturiers et effilocheurs.

Benne-Paulin fils, Hauterive. — Tél. 6.
Les fils Raucoules, Dourgnes. — Tél. 1.
Darles (F.), Hauterive. — Tél. 7.
Maisonobe et Hardouin, avenue de Navés, Castres. — Tél. 1.03.
Birou (E.), Massaguel. — Tél. 2.
Douat (H.), Massaguel. — Tél. 3.
Durand (E.), Massaguel. — Tél. 5.
Albarel (J.), rue Sainte-Foy, Castres.

Colombier, 1, avenue de Navès, Castres.
— Tél. 2.18.
Lasbordes et les fils Cabrol, rue Henri IV,
Castres. — Tél. 0.25.
Augier et Fabre, place Soult, Castres.
— Tél. 0.04.
Maraval (J.) fils et Cie, rue d'Empare,
Castres. — Tél. 0.37.
Etablissements Laval et Lecamus, rue
d'Augue, Castres. — Tél. 0.39.
Etablissements Lasbordes, Boissezon.
— Tél. 1.

Patrons tisseurs.

Barrau. — Tél. 0.15.
Valat et Auriol. — Tél. 2.18.

75. — Comité Corporatif des Fabricants de Rubans.
40, rue du Colisée, Paris.

Bureau :

MM. Albert GALLANT, président.
Charles DALLE, vice-président.
César SCHOUTTETEN, vice-président.

Délégués :

MM. A. GALLANT; Ch. DALLE; César
SCHOUTTETEN.

Membres :
MM.
Catteau (Henry), 101, rue Nationale,
Lille.
Dalle (A. et L.), Wervicq-Sud (Nord).
Ducarin (Vve D.) et L. Rembry, Comines
(Nord).
Etablissement Derville et Delvoye, 11
bis, rue Volney, Paris.
Gallant (H.) et Cie, Comines (Nord) et
Bernay de l'Eure.
Oschwald et Cie, à Fouday (Alsace).
Précheur (H.) et Cie, Senones (Vosges).
Schindeler (J.) (Mme), 101, rue Saint-
Gabriel, Lille.
Schoutteten frères, 12, place Genevières,
Lille.
Hébert (Pierre), Saint-Victor de Chré-
tienville (Eure).
Lejuif (André), Thiberville (Eure).
Lejuif fils et gendre, Fontaine-la-
Louvet (Eure).

Mesnil fils et gendre, Drucourt (Eure).
Rogerey et Lefrançois, Duranville (Eure).
Schneider (J.-V.) fils, Menneval-lez-
Bernay (Eure).

76. — Chambre syndicale de la Fabrique française de Lacets.
Siège central : Saint-Chamond (Loire).

Bureau :

MM. Camille SUEL, président.
Antoine REYMONDON, trésorier.
Henri CASTEL, secrétaire-membre.
Joseph FOULETTER, secrétaire-archi-
archiviste.

Délégués :

M. Camille SUEL, président, Saint-
Chamond (Loire).

Membres :
MM.
Balas et Cie, 71-73, route de Crémieu,
Lyon-Villeurbanne.
Baverey et fils, Iriguy (Rhône).
Berne aîné et Cie, Le-Coin-St-Chamond.
Bertholon frères, Andrezieux (Loire).
Burelier frères, Izieux (Loire).
Celeyron frères, Ambert (Puy-de-Dôme).
Faure-Roux (C.); Saint-Chamond;
Fournel (Jules), St-Paul-en-Jarez (Loire).
Gonin (Benoît), St-Paul-en-Jarez (Loire).
Joannon (P.), Izieux.
Etablissements Lassablière et Sarron,
Saint-Chamond.
Manufacture nîmoise de tresses et lacets,
Nîmes.
Manufacture Pascal (L.-X.), St-Chamond.
Manufactures réunies de tresses et lacets,
Saint-Chamond.
Manufactures de tresses et de tissus, 17,
rue d'Aboukir, Paris.
Marze (Joseph) et Cie, Izieux.
Moinecourt (S.), Saint-Chamond.
Moris (P.), 113, boulevard Sébastopol,
Paris.
Mousset (C.), L'Horme (Loire).
Patissier (Paul) et Cie, St-Julien-enJarez
(Loire).
Polzat (M.), Saint-Chamond.
Sautreau (Maurice), 9, rue des Arènes,
Paris.
Severin (P.) et Cie, Amiens.

Société industrielle de tresses et lacets, Saint-Chamond.

Société Saint-Chamonnaise de tresses, Saint-Chamond.

Thoulieux (Louis) et Cie, Saint-Julien-en-Jarez.

Touilleux (Joseph), L'Hermitage-Izieux (Loire).

---

77. — Syndicat industriel alsacien.
5, quai du Barrage, Mulhouse.

TÉLÉPH. : 154.

Bureau :

MM. SCHLUMBERGER (Paul), président.
MIEG (Daniel), vice-président.
KIENER (André), vice-président.
SCHLUMBERGER (Henry), trésorier.
KIENER (René).
SCHIEBER (Max).
ENGEL (Albert).
STEINER (Mathieu).
KOENIG (Francis).
LIX (Edmond).
MULLER (Emile).
LAMEY (Fr.).
NORTH (Ad.).
WAGNER (Robert).
FREY (Paul).
SEYRIG (A.).
GROS (Jacques).
DE PLACE.
REEB.
ANDRÉ (Ch.).
THOMAS (Edmond).
ROMANE (Rodolphe), secr.-adjoint.

Délégués à l'Union :

MM. SCHLUMBERGER, président, 5, quai du Barrage, Mulhouse; Daniel MIEG, vice-président, 2, rue du Hâvre, Mulhouse; Edm. THOMAS, syndic, 5, quai du Barrage, Mulhouse.

Membres :

I. — *Filatures et retordages de coton.*

Dollfus-Mieg et Cie, Mulhouse. — Tél. 96.
Dreyfus-Lantz et Cie, Mulhouse. — Tél. 78.
Erhard (Victor), Masevaux. — Tél. 6.
Nouvelle filature de Cernay, Mulhouse.
Filature de Guebwiller, Guebwiller. — Tél. 12.

Filature de Lapoutroye, Lapoutroye. — Tél. Kaysersberg, 14.
Frey et Cie, Mulhouse. — Tél. 93.
Etablissements Haffner S. A., 16, rue de la Sinne, Mulhouse. — Tél. 623.
Hofer et Cie, Ribeauvillé. — Tél. 10.
Filature de Kaysersberg, Kaysersberg. — Tél. 36.
Kœchlin (Fr.) fils et Cie, Colmar.
Filature de Colmar, Colmar. — Tél. 100.
Union textile, Guebwiller. — Tél. 194.
Le Fil à coudre Schlumberger S. A., Guebwiller. — Tél. 35.
Filature de Sélestat, Sélestat. — Tél. 123.
Filature Schoubart, Sainte-Croix-aux-Mines. — Tél. 21.
Retordage Th. Gerrer, Lautenbach.
Société pour l'industrie textile, Thann. — Tél. 19.
Antony (J.), Mulhouse. — Tél. 203.

II. — *Filatures et Tissages de coton.*

Berger-André et Cie, Lauw. — Tél. Masevaux 11.
Blan (L.) et Cie, Sentheim. — Tél. Masevaux 12.
Bourcart fils et Cie, Guebwiller. — Tél. 13.
Filature et tissage de la Cité, Mulhouse. — Tél. 82.
Filature et tissage Haussmann, Logelbach. — Tél. Colmar 35.
Filature et tissage de Huttenheim-Benfeld. — Tél. Benfeld 28.
Filature et tissage de Mullerhof près Urmatt. — Tél. Lutzelhouse, 2.
Filature et tissage de Soultzmatt. — Tél. Guebwiller 1.
Frey (E. et Th.), Guebwiller. — Tél. 27.
Etablissements Marin-Astruc S. A., Buchl. — Tél. Guebwiller 5.
Gros-Roman et Cie, Wesserling. — Tél. 1.
Heuchel et Cie, rue de l'Etoile, Mulhouse.
Immer (J.), Colmar.
Immer-Klein, Colmar. — Tél. 632.
Jacquel (Fr.), Natzwiller. — Tél. Schirmeck 6.
Kiener (J.) fils, Turckheim. — Tél. Colmar, 400.
Kœchlin (Nap.) et Cie, Masevaux. — Tél. 13.
Kullmann et Cie, Mulhouse. — Tél. 24.
Lang (P.) et Cie, Hirsingue. — Tél. Mulhouse 265.
Manufactures Hartmann et fils, Munster. — Tél. 1.

Etablissements Marchal et Cie, Rothau.
— Tél. Schirmeck 7.

Marchal (Gédéon) fils, La Claquette,
Poste Rothau. — Tél. Schirmeck 8.

Mieg (Charles) et Cie, Mulhouse. —
Tél. 65.

Risler et Cie, Cernay. — Tél. 7.

Sellier, Schieber, Buchler et Cie, Mulhouse. — Tél. 126.

Schlumberger fils et Cie, Mulhouse. —
Tél. 17.

Filature et tissage d'Issenheim. — Tél.
Guebwiller 29.

Steinhel-Dieterlen S. A., Rothau. —
Tél. Schirmeck 9.

Zeller frères et Cie, Oberbruck. — Tél.
Massevaux 28.

Dreyfus (Raph.) et Cie, Mulhouse. —
Tél. 80.

Filature de coton du Val de Villé, Rothau.
— Tél. Villé 3.

Claude frères, Wildersbach. — Tél.
Schirmeck 19.

Etablissements Herzog, Logelbach. —
Tél. Colmar 30.

Société anonyme d'industrie cotonnière,
Mulhouse. — Tél. 18.

III. — *Tissages de coton.*

André père et fils, Masevaux. — Tél. 21.

Bernheim (Léopold), Mulhouse. —
Tél. 123.

Florence (N.), Hachimette.

Société cotonnière de Thann.

Glaszmann (C.), Barenbach. — Tél.
Schirmeck 14.

Groshens (P.), Neuwiller, par Molsheim.

Jourdain (X.), filature et tissage, Alt-
kirch. — Tél. 1.

Klein frères (Mr. J. Klein), Guebwiller.

Koechlin-Buchy et Frey, Mulhouse. —
Tél. 11,

Les Fils d'Emmanuel Lang, Waldighofen.

Meyer (J.), Breitenbach. — Tél.
Munster 25.

Ruhland-Ertlé, Soultzern.

Weber (D.), Urbès. — Tél. Wesserling 38.

Blum et Alexandre, Rosheim. — Tél.
Strasbourg 5006.

André (Is.) et Cie. — Tél. Masevaux 1.

Dietsch et Cie, Liepvre. — Tél. Sainte-
Marie-aux-Mines 1.

Dreyfus (H.), 35, rue de l'Industrie, Mulhouse. — Tél. 23.

Soc. An. des établissements Gensbourger,
Colmar. — Tél. 12.

Lamotte et Cie, Rombach-le-Franc. —
Tél. Sainte-Marie-aux-Mines 109.

Nitschelm (Ch.), Sondernach.

Schlumberger-Steiner et Cie, Mulhouse.
— Tél. 110.

Gerrer (Aimé), Thann. — Tél. 15.

Bloch (Valentin), Mulhouse. — Tél. 87.

Bresch et Cie, Liepvre. — Tél. Sainte-
Marie-aux-Mines 71.

Tissage Hartmann (André), Rouffach. —
— Tél. 38.

Tissage mécanique G. Gander et ses fils,
Grendelbruch. — Tél. Lutzelhouse 16.

Steiner (Ch.), Ribeauvillé. — Tél. 13.

Scheidecker (G.), Muttersholz. — Tél.
Sélestat 145.

Société Alsacienne de tissage, Paris 8e,
29, rue Tronchet.

IV. — *Filatures de laine.*

Engel et Cie, Mulhouse. — Tél. 76.

Filature de laine peignée de Cernay,
avenue Clémenceau, Mulhouse. —
Tél. 317.

Filature de laine peignée d'Erstein. —
Tél. 9.

Filature de laine peignée de Malmers-
pach. — Tél. Wesserling 3.

Filature de laine peignée, c/d. Schwartz
et Cie, Mulhouse. — Tél. 86.

Gluck et Cie, Mulhouse. — Tél. 14.

Koechlin-Desaulles et Cie, Mulhouse. —
Tél. 125.

Manufacture de laine peignée, Mulhouse-
Bourtzwiller. — Tél. Mulhouse, 79.

Laederich et Cie, Mulhouse. — Tél. 124.

Wenger (G.) fils, Drusenheim. — Tél. 1.

V. — *Filatures et Tissages de laine.*

Bertrand et Cie, Mulhouse. — Tél. 146.

Etablissements Hartmann (Ernest),
Colmar. — Tél. 70.

Manufacture de Buhl c/d. E. Rogelet,
Buhl. — Tél. Guebwiller 71.

Kiener (A.) et Cie, Colmar. — Tél. 3.

Blum (J.) et Cie, Bischwiller. — Tél. 1.

Nouvelle manufacture de draps, Bischwiller. — Tél. 29.

VI. — *Tissages de laine.*

Blech frères et Cie, Sainte-Marie-aux-
Mines. — Tél. 11.

Edler et Lepavec, Sainte-Marie-aux-
Mines. — Tél. 114.

Felmé et Cie, Sainte-Marie-aux-Mines. — Tél. 20.
Gœllner et Hirsch, Bischwiller. — Tél. 43.
Gœtz (M.) et Cie, Sainte-Marie-aux-Mines. — Tél. 16.
Kœnig. et Cie, Sainte-Marie-aux-Mines. — Tél. 28.
Lambling (F.), Bischwiller. — Tél. 47.
Simon et Cie, Sainte-Marie-aux-Mines. — Tél. 12.
Lanzenberg et Weill, Colmar. — Tél. 88.
Urner (J.) et Cie, Sainte-Marie-aux-Mines. — Tél. 34.

VII. — Blanchiment, Teinture et Apprêts.

Baumgartner (A.) et Cie, Sainte-Marie-aux-Mines. — Tél. 14.
Berret (A.) et Cie, Sainte-Marie-aux-Mines. — Tél. 25.
Diehl et Cie, Sainte-Marie-aux-Mines. — Tél. 21.
Lacour (J.-B.) et Cie, Sainte-Marie-aux-Mines. — Tél. 26.
Scheurer (P.) et Tempé, Colmar. — Tél. 67.
Teinturerie Colmarienne, S. A., Colmar. — Tél. 121.
Anciens établissements H. Riboud, Sainte-Marie-aux-Mines. — Tél. 36.
Pickering et Cie, Haguenau. — Tél. 23.
Rouvé et Rauch, Sainte-Marie-aux-Mines. — Tél. 5.

VIII. — Impression.

Heimann (J.) et Cie, Mulhouse. — Tél. 63.
Société des Blanchiments d'Alsace, Vieux-Thann. — Tél. 3.
Kœchlin frères S. A., Mulhouse. — Tél. 91.
Schæffer et Cie, Pfastatt-le-Château. — Tél. 72.
Scheurer-Lauth et Cie, Thann. — Tél. 9.
Sharp (S.-H.) et Sons, Kingersheim. — Tél. Mulhouse, 151.

IX. — Autres industries textiles.

Epaillage chimique et lavoir de tissus c/d E. Lix, Bischwiller. — Tél. 36.
Meyer Sansbœuf, Guebwiller. — Tél. 131.
Picard (A.) et Schul (R.), Strasbourg, 32, rue du 22 Novembre. — Tél. 4205.
Spira (A.) fils, Thann.
S. A. des Fabriques de couvertures réunies, Schirmeck. — Tél. 42.

Dollfus et Noack, Mulhouse. — Tél. 100.
Althoffer (J.), Guebwiller. — Tél. 67.
Wertz (Jean), Mulhouse. — Tél. 360.
Etablissements Marchal (Jules), Sand. — Tél. Benfeld 34.
Tricotages mécaniques Alsaciens, Saint-Louis. — Tél. 70.
Wassmer et Rapp, Mulhouse.

X. — Soie.

Ab der Halden et Gysin, Colmar. — Tél. 49.
Ammann (E.) et Cie, Saint-Louis.
Baumann aîné et Cie, Soultz. — Tél. Guebwiller 20.
De Bary Mérian et fils, Guebwiller. — Tél. 6.
Sarasin fils et Cie, Saint-Louis. — Tél. 22.
Société industrielle pour la schappe, Soultzmatt. — Tél. Guebwiller. 158.
Vischer et Cie, Saint-Louis. — Tél. 23.

XI. — Jute.

Tissage Benkhard, Colmar. — Tél. 182.
Borocco (L.) et Cie, Colmar. — Tél. 89.
Société alsacienne de filature et tissage de jute, Bischwiller. — Tél. 2.

XII. — Construction de machines.

Deiss (J.), Ranspach. — Tél. Wesserling 2.
Société alsacienne de constructions mécaniques, Mulhouse. — Tél. 169.
Tourteller (T.) et fils, Mulhouse. — Tél. 183.
Vogt et Cie, Niederbruck. — Tél. Masevaux 9.
Construction de machines c/d F.-J. Grün, Guebwiller. — Tél. 44.
Ateliers de constructions de Bitschwiller, Bitschwiller. — Tél. Thann 10.

---

78. — Association des patrons. de l'industrie textile de la vallée de Sainte-Marie-aux-Mines (Haut-Rhin).

(Rattaché au Syndicat Industriel Alsacien).

Bureau :

MM. Albert Kœnig, président.
René Blech, vice-président, secrétaire.

Léon BAUMGARTNER, vice-président.
Paul LACOUR, vice-président.
Camille DIETSCH, vice-président.
Albert EDLER, vice-président.
Adolphe HAFFNER, vice-président.
Ernest HARTMANN, vice-président.

Délégué :

M. A. KOENIG, président.

Membres :

MM.
Berret (A.) et Cie, Sainte-Marie-aux-Mines.
Baumgartner (A.) et Cie, Sainte-Marie-aux-Mines.
Blech frères et Cie, Sainte-Marie-aux-Mines.
Diehl et Cie, Sainte-Marie-aux-Mines.
Dietsch et Cie, Sainte-Marie-aux-Mines.
Edler et Lepavec, Sainte-Marie-aux-Mines.
Felmé et Cie, Sainte-Marie-aux-Mines.
Goetz (M.) et Cie, Sainte-Marie-aux-Mines.
Etablissements Haffner, Sainte-Marie-aux-Mines.
Koenig et Cie, Sainte-Marie-aux-Mines.
Lacour (J.-B.) et Cie, Sainte-Marie-aux-Mines.
Anciens établissements Riboud (H.), Sainte-Marie-aux-Mines.
Rouvé et Rauch, Sainte-Marie aux-Mines.
Simon et Cie, Sainte-Marie-aux-Mines.
Urner (J.) et Cie, Sainte-Marie-aux-Mines.

---

79. — Chambre syndicale de l'Industrie textile de Saint-Dié.

Bureau :

MM. MARCHAL, président.
KEMPF, secrétaire.
FELTZ.
Emile BLECH.
BÉRANGER, vice-président.
TRIMBACH, vice-président.
GODEL, trésorier.

Délégués :

MM. MARCHAL, président; KEMPF, Henri, secrétaire.

Membres :

MM.
Barliet, rue du Casino. — Tél. 1.38.
Blech (G.), rue du Breuil. — Tél. 2.41.
Blech (Emile), 24, rue Thurin. — Tél. 2.35.
Busch, rue des Trois-Villes. — Tél. 2.90.
Claude et Duval, 1, avenue de Robache. — Tél. 2.46.
Duceux, 26, rue de la Bolle. — Tél. 2.14.
Gérard et Béranger, rue de l'Hermitage. — Tél. 2.18.
Gérard frères, Sainte-Marguerite. — Tél. 3.55.
Godel (Teinturerie et Retorderie de l'Est), rue du Parc. — Tél. 2.19.
Gueroldi, rue des Trois-Villes. — Tél. 3.27.
Hugueny, rue de l'Orient. — Tél. 0.13.
Humbert (Camille), 92, rue de la Bolle. — Tél. 2.57
Kempf (H.) (Société anonyme S.E. K.), 5, rue des Frères Simon. — Tél. 2.09.
Laurent, rue de la Prairie.
Lehmann, rue de la Prairie. — Tél. 3.12.
Marchal (Jules), rue de la Bolle.
Masson, Fourcharupt. — Tél. 2.54.
Spitz, rue du 10e-Bataillon.
Trimbach, rue de la Prairie. — Tél. 0.36.
Witz et Feltz, rue du Petit-Saint-Dié. — Tél. 1.36.
Yung (Tissages réunis), rue du Kemberg. — Tél. 2.32.

---

80. — Confédération générale des Fabricants de toiles de France.

1, rue Taitbout, Paris.

Composition du Conseil :

Présidents d'honneur.

MM. Julien BESSONNEAU, député de Maine-et-Loire, fabricant de toile d'Angers.
Ernest CAUVIN, sénateur de la Somme, ancien fabricant de baches à Saleux.
Dominique DELAHAYE, sénateur de Maine-et-Loire, fabricant de toile à voiles à Angers.
Léon FRÉMAUX, président de la Chambre de commerce d'Armen-

tières, président de la Société industrielle de la Lys.

Henri LANIEL, député du Calvados, fabricant de toile à Vimoutiers.

André SAINT, de la maison Saint frères, administrateur des chemins de fer du Nord.

A. CRESPEL, député du Nord, fabricant de toile à la Bassée.

Président.

Edmond CAVILLON, conseiller du commerce extérieur, administrateur-délégué de la Soc. anon. des établ. Deneux frères à Paris.

Vice-président.

André BONIFACE, fabricant de toile à Lille.

Louis COLOMBIER, président du syndicat des fabricants de toile d'Armentières.

Albert DEGOUY, président du syndicat des fabricants de toile de Lille.

Lucien GARNIER, fabricant de toile, 28, rue du Sentier, à Paris.

Joseph LANIEL, fabricant de toile à Vimoutiers.

Raphaël LÉVY, administrateur-délégué de la Soc. anon. des Tissages réunis.

PELLAUMAIL-MOUTEL, président du syndicat des fabricants de toile de Cholet.

Francis RENUT, fabricant de toile à la Ferté-Macé.

Présidents de section.

René SALMON, de la maison A. Salmon, fabricant de toile à Armentières.

Joseph LEMAITRE, de la maison Lemaitre-Demeestère et fils, fabricants de linge de table et de toilette à Hallun.

Emile DICKSON, président du syndicat des fabricants de toile à voiles, de la maison Dickson-Walrave, fabricants de toile et bâches à Paris.

Joseph BRÉMOND, de la maison Brémond fils, fabricant de toile et mouchoirs à Cholet.

Maurice DUHEM-JUNG, de la maison Arth. Duhem et Cie, fabricants de toile à Lille.

E SIMONETON, président du syndicat des fabricants de tuyaux en toile, fabricant de toile industrielle du Raincy.

A. BRICOUT, de la maison A. Bricout et H. Nardeau, fabricants de batistes et linons à Cambrai.

E. LUSSIGNY, fabricant de toile fine et batiste fantaisie à Paris,

Georges BERNHEIM, fabricant de toile de jute à Picquigny, président du syndicat des tisseurs de jute de France.

Secrétaire-général.

Henri LORIDANT-DUPONT, fabricant de linge de table, linge de toilette à Hallun.

Trésorier.

Henri DUHOT, fabricant de toile à Armentières.

Délégué du conseil.

Albert DURAND, 43, rue Brûle-Maison à Lille.

Membres :

MM.

Ed. Cavillon, 2, rue d'Uzès, Paris. — Tél. Cent. 24.30 et Guten. 35.05.

H. Becquart, rue de l'Industrie, Houplines (Nord).

Bell-Sueur et Cie, 11, rue Doudin, Lille. — Tél. 104.

G. Bernheim, 162, faubourg Saint-Denis, Paris (10e). — Tél. Nord 31-83.

Bessonneau, 29, rue du Louvre, Paris (1er).

L. Blanquart, 13, rue Ban-de-Wedde, Lille. — Tél. 13.82.

A. Boniface et Cie, 101, rue de Paris, Lille. — Tél. 11-39.

Louis Bouchez et fils, rue Jacquard, Armentières.

J. Sorin et J. Houtin, tissages du Centre, Olliergues (Puy-de-Dôme); — 15, rue Taitbout, Paris (9e).

Bremond fils, rue Maindron, Cholet. — Tél. 13.

A. Bricout, H. Nardeau et Cie, 53, rue de Belfort, Cambrai. — Tél. 122; 3, rue d'Uzès, Paris. — Tél. cent. 18-77.

Callue frères, Forceville-Olsemont (Somme). — Tél. Olsemont 1.

Boutry-Cardon et Fauvergue, 125, rue de Paris, Lille. — Tél. 23-83.

Catulle frères, Airaines (Somme).

Alp. Claude fils et Cie, Gérardmer (Vosges). — Tél. 1.08.

Claro frères, 22, rue des Montagnards, Lille. — Tél. 11-84.

L. Colombier et Cie, 18, rue Bayart, Armentières.

Cosserat, 16, rue Jules-Lardière, Amiens. — Tél. 18.

A. et E. Crespel, 117, rue de la Bassée Lille.

Decroix frères, 11, avenue Carnot, Paris (17e).

Ed. Defretin, Halluin (Nord). — Tél. 26.

Degouy frères, 1, rue d'Austerlitz, Lille. — Tél. 1.95.

Stock, Halluin.

Delahaye-Bougère fils, 129, rue Saumuroise, Angers.

Delame-Lelièvre et fils, 20, rue Saint Fiacre, Paris (2e). — Tél. Guten. 38-29.

L. Delcourt et Cie, 143, rue de Wazemmes, Lille. — Tél. 4.62.

Demarcq frères, 1, quai du Sartel, Roubaix. — Tél. 3.53.

Dickson-Walrave et Cie, 49, rue de la Chapelle, Paris (18e). — Tél. Nord 67-67.

Dufour-Lescornez fils, 5, rue Jacquemaro Giélée, Lille. — Tél. 13.18.

A. Duhem et Cie, 18, rue Saint-Genois, Lille. — Tél. 603.

H. Duhot, 20, rue du Sentier, Paris (2e). — Tél. Guten. 15-06.

Fauchille et Ponteville, 84, rue de Paris, Lille. — Tél. 20.71.

Feinte et fils et Beaujeu, 46, rue Lionnaise, Angers. — Tél. 98.

Veuve E. Fourmaux, Provin (Nord). — T. 8.

Fremaux et Delplanque, 27, rue du Vieux-Faubourg, Lille. — Tél. 8.50.

Garnier-Thiébaut et Cie, 28, rue du Sentier, Paris (2e). — Tél. Louvre 40-23.

François Hans, Gérardmer. — Tél. 1-33.

Hacot frères, La Gorgue (Nord).

Trudelle et Herbin, Cambrai. — Tél. 331.

Honnart et Bloeme, 77, rue Sadi-Carnot, Armentières.

J. Heindrick-Delesalle et Cie, rue Anatole de la Forge, Lille. — Tél. 6.33.

A. Huet et Cie, 21, rue des Buisses, Lille. — Tél. 8.12.

Huret-Marcq et Cie, Pont-de-Briques (Pas-de-Calais). — Tél. 8.

Lailler et Cie, 60. rue de Sotteville, Rouen. — Tél. 20.70.

Laulel père et fils, Vimoutiers (Orne). — Tél. 5.

Laroche-Lechat, 16, avenue de la République, Paris. — Tél. Roquette 32.56.

Leduc-Ladeveze, Champagne, par Saint-Mars-la-Brière (Sarthe). — Tél. 2.29 Le Mans.

A. Leleu et Cie (d'Estaires), 8, rue des Corroyeurs, Saint-Omer.

Lemaitre-Demeestere et fils, 19, rue des Buisses, Lille. — Tél. 103.

Leroy-Heynaert et Brabant, 1, rue Saint-Genois, Lille. — Tél. 19.86.

Loridan-Dupont, Halluin. — Tél. 13.

E. Lussigny, 12, rue Saint-Fiacre, Paris (6e). — Tél. 160.46.

A. Mahieu, 24, rue de Paradis, Paris (10e).

Mamet, 18, rue des Poissonceaux, Lille. — Tél. 14-14.

E. Mascré, 23, boulevard Poissonnière, Paris (9e). — Tél. 103-10?.

G. Menard et fils, 23, rue du Sentier, Paris (2e). — Tél. Guten. 11-31.

Mulliez frères, 120 bis, rue de l'Ommelet, Roubaix. — Tél. 208.

Nathan-Lévy et Cie, Gérardmer. — Tél. 10.

Pellaumail-Moutel, rue Nationale, Cholet. — Tél. 1.

Jules Pollet fils, 288, rue Pierre Legrand, Lille. — Tél. 878.

P. Porteu, Rennes.

Francis Renut, La Ferté-Macé (Orne). — Tél. 3.

Rogeau ainé, 20, rue des Tours, Lille. — Tél. 10.52.

Ch. et Ach. Rogeau, 7, rue Nationale, Armentières. — Tél. 78.

Rogez-Retour, La Ferté-Macé. — Tél. 13.

Saint-Frères, 24, rue du Louvre, Paris (1er).

François Salles, La Ferté-Macé. — Tél. 27.

A. Salmon, 5. rue de Thionville, Lille. — Tél. 27.65.

Schulz et Roquette, 4, rue des Jardins, Lille. — Tél. 15.51.

G. Scrive et Cie, 54, rue Kléber, La Madeleine. — Tél. Lille, 11.78.

Simoneton-Emm, 41, rue d'Alsace, Paris, — Tél. Nord 04.03.

Etablissements Agache fils, 12, rue du Vieux-Faubourg, Lille. — Tél. 811.

Société anonyme de tissage d'Haubourdin, Haubourdin (Nord). — Tél. Lille 677.

Société anonyme de tissage de Willems, Willems (Nord). — Tél. Roubaix 646.

Société anonyme des tissages réunis (M. Levy, administrateur', 29, rue du Louvre, Paris (1ᵉʳ). — Tél. Louvre 42.86.

Société industrielle de la Lys (M. A. Gilles, administrateur), 15, avenue Bosquet, Paris (7ᵉ). — Tél. Saxe, 57.84.

A. Turpault, rue Georges Clémenceau, Cholet. — Tél. 14.

E. Vandermeersh et fils, 104, rue de l'Industrie, Wervicq-Sud (Nord). — Tél. 2.

H. Voituriez et Cie, 8, boulevard Papin, Lille. — Tél. 11-13.

Wallaert frères, 75, rue de Fontenoy, Lille. — Tél. 658.

G. Jouret et fils et Cie, Forest, par Hem (Nord). — Tél. 2 Hem-Forest.

Sené-Cordier, Airaines (Somme). — Tél. 16.

Edmond Becquart et Cie, 21, rue d'Anjou, Lille. — Tél. 20-06.

H. Bealet, 11, rue Denfert-Rochereau, La Ferté-Bernard (Sarthe). — Tél. 9.

Vandamme et Brocca, 15, boulevard des Italiens, Paris. — Tél. Louvre, 52-15.

Société anonyme des filat., tiss., cord., Benet-Duboul, Mazargues-Marseille. — Tél. 242.

Simonnot-Godard, 33, rue du Sentier, Paris (2ᵉ) — Tél. Guten. 46-00.

A. Allereau, rue Nationale, Cholet.

G. Allereau, rue du Deveau, Cholet.

Augereau-Espinoux, rue Saint-Bonaventure, Cholet.

Pierre Auduin, industriel, Gesté (Maine-et-Loire).

Aumon-Martin et Cavé, industriels, Roussay (Maine-et-Loire).

Bodin-Bignet, rue de l'Abattoir, Cholet.

Francis Bouet, rue de Pineau, Cholet.

Chiron frères, rue des Brosses, Cholet.

Dabin père et fils, rue du Puit de l'Aire, Cholet.

E. Grasset, rue Nationale, Cholet.

A. Lamy et E. Lefebvre, rue Maindron, Cholet.

H. Lemaire, rue du Deveau, Cholet.

Maret fils, rue du Paradis, Cholet.

Jules Morin, rue Saint-Pierre, Cholet.

F. Renou, industriel, Mortagne-sur-Sèvres (Vendée).

Richard frères, rue du Deveau, Cholet.

Victor Tusseau, rue Saint-Pierre, Cholet.

Veuve Vilain et fils, rue Saint-Martin, Cholet.

Babin, industriel, Gesté (Maine-et-Loire).

---

81. — Union des fabricants de tapis de France.

86, rue de Lille, Tourcoing.

TÉLÉPH. 43.

Bureau :

MM. Eugène RASSON, président.
Jules LORTHIOIS, vice-président.
Jules FLIPO, secrétaire-trésorier.
Léon JUNG, secrétaire-général.

Délégués à l'Union :

MM. Eugène RASSON, président, 49, rue de Lille, Roubaix; Jules LORTHIOIS, vice président, 36, rue du Petit-Village, Tourcoing; Léon JUNG, Secrétaire Général, 86, rue de Lille, Tourcoing.

Membres :

MM.

Croc père et fils et Jorrand, Aubusson (Creuse).

Desurmont (Philippe), Hem-les-Lannoy (Nord). — Tél. Roubaix 1592.

Defretin (Ed.), rue de la Gare, Halluin. — Tél. 20.

Demarcq frères, quai du Sartel, Roubaix. — Tél. 353.

Derache (Constant) et fils, Lannoy (Nord). — Tél. 60.

Flipo (Jules), 52, rue Saint-Pierre, Tourcoing. — Tél. 86.

Herbaux (H. et Ch.), Neuville-en-Ferrain (Nord). — Tél. Tourcoing 631.

Lorthiois-Leurent et fils, rue du Petit-Village, Tourcoing. — Tél. 23.

Leborgne (F.), Lannoy (Nord). — Tél. 40.

Masure fils, 40, rue du Bus, Tourcoing. — Tél. 207.

Monnier (L.) fils, 133, rue Nationale, Tourcoing. — Tél. 233.

Moulin-Pipart fils, 155, rue Nationale, Tourcoing. — Tél. 238.

Moulin et Vernier, 208, rue de Lille, Tourcoing. — Tél. 926.

Manufacture française de tapis et couvertures, Beauvais (Oise). — Tél. 118. — *Rue d'Aboukir, Paris.* — Tél. Gutem.

4258. — *Rue de Lannoy, Roubaix.* — Tél. 238. — *19, rue de la Latte, Tourcoing.* — Tél. 343.

Parmentier (E.), 36, rue de Paris, Tourcoing. — Tél. 263.

Renard frères, Nonancourt (Eure).

Sallandrouze frères, Aubusson (Creuse).

Schenk (J.), 11 *bis*, rue Beaujolais, Paris. — Tél. Gutem. 5646.

IMPRIMERIE
CHAIX LAHURE
Paris

www.ingramcontent.com/pod-product-compliance
Lightning Source LLC
LaVergne TN
LVHW050635060726
842527LV00004B/1306